LI ROMANS DE WITASSE LE MOINE

Roman du treizième siècle

ÉDITÉ D'APRÈS LE MANUSCRIT, FONDS FRANÇAIS 1553, DE LA BIBLIOTHÈQUE NATIONALE, PARIS

PAR

DENIS JOSEPH CONLON

CHAPEL HILL
THE UNIVERSITY OF NORTH CAROLINA PRESS

depósito legal: v. 4.630 - 1972

artes gráficas soler, s. a. — jávea, 28 — valencia (8) — 1972

TABLE DES MATIERES

	Page
Introduction	9
Manuscrits	10
Auteur	12
Historique	14
Analyse du roman	22
Langue	28
Etablissement du texte	35
Cartes	37
LI ROMANS DE WITASSE LE MOINE	39
Notes	101
Appendice: Documentation	108
Table des noms propres, noms de lieu, etc.	123
Glossaire	130
Bibliographie	141

INTRODUCTION

Li Romans de Witasse le Moine est un récit quasi-historique qui nous donne un aperçu sur la vie de l'un des personnages les plus pittoresques du treizième siècle. Il paraît qu'Eustache Lemoine remplit un rôle considérable dans la vie politique des règnes de Philippe-Auguste et Jean sans Terre, mais, à tout prendre, en dépit des documents existants, c'est un personnage qui jusqu'ici a échappé à l'attention des historiens. Brigand sympathique quoique de réputation quelque peu terrifiante, Eustache Lemoine était contemporain de Robin des Bois avec qui il avait beaucoup de commun jusqu'à et y comprise la capacité de conserver l'appui du commun dans sa lutte contre le despotisme.

Witasse le Moine n'est pas cité dans les autres romans et épopées de son temps, et la personalité d'Eustache Lemoine semble avoir laissé son empreinte non pas en France mais dans les chroniques et dans les archives royales de l'Angleterre, (Voir *Documentation*, p. 108.). Néanmoins, il existait au moins trois manuscrits de *Witasse le Moine*, dont deux dans la bibliothèque de Charles V en 1373; le fait même que deux copies se trouvaient en des mains royales témoigne d'un certain succès à cette époque-là.

Notre roman, gai, irréverencieux et quelque peu iconoclaste, reste difficile à classer; c'est un roman qui s'associe avec les traditions des *Ballads of Robin Hood*, du *Roman de Renard*, et de *Foulke Fitzwarren*. Qu'il ne le cède en rien à ces compagnons est raison suffisante pour qu'il soit mieux connu.

I. MANUSCRITS

Li Romans de Witasse Le Moine ne nous est conservé qu'en une unique version qui se trouve dans un manuscrit de la Bibliothèque Nationale, fonds français, 1553, ff. 325 vo., col. b. 338 vo., col. b., (323 vo.-336 vo. de l'ancienne pagination). On a souvent décrit ce précieux manuscrit,[1] mais, afin d'éviter des renvois ennuyeux pour le lecteur, nous le décrivons de nouveau:

Paris, Bibliothèque Nationale, fonds français, 1553, (anc. 7595) Grand volume du XIIIe siècle comprenant 527 feuillets, 270 × 175 mm, vélin à double colonne, généralement de 44 lignes chacune. Le manuscrit est en bon état, l'écriture est soignée et présente peu de variantes individuelles. Les vers commencent par des majuscules et celles-ci se trouvent quelquefois au commencement des mots à l'intérieur des lignes; en revanche, les noms propres commencent d'habitude par des minuscules. La ponctuation est presque inexistante et est constituée par le point qui remplit toutes les fonctions. L'orthographe est claire, mais les abréviations ordinaires s'y rencontrent fréquemment. Il n'y a pas de rubriques dont la fonction est remplie par des majuscules ornées qu'on trouve de temps en temps au commencement des vers et qui constituent une division en paragraphes ou en chapitres et que nous avons voulu suivre. Le manuscrit a été copié par plusieurs scribes, mais la partie qui comprend *Witasse Le Moine* et *Le Roman de la Violette* est écrite de la même main. *Le Roman de la Violette* porte la date de 1284: "Chi define li Roumans de Girart de Nevers et de la violete Qui fu escris l'an de l'incarnation nostre signour Jhesu Crist Mil. CC. et IIII^{xx} et quatre El moys de fevrier"; c'est à peu près l'époque où notre texte a été écrit, mais étant donné que *Li Romans de Mahon*, ff. 367-379, porte la date de 1258, nous

---

[1] Voir Fr. Michel: *Roman de la Violette ou de Gérard de Nevers, en vers, du XIIIe. siècle, par Gerbert de Montreuil*, Paris, 1834, p. xli; J. Taschereau: *Catalogue des manuscrits français de la Bibliothèque Impériale*, t. I, Paris, 1868, pp. 248-252; C. Wahlund: *Liste d'Ouvrages de philologie romane et de Textes d'ancien français*, Upsala, 1889, Appendice IV — Liste des Manuscrits; H. Zotenberg et P. Meyer: *Barlaam und Josaphat*, Stuttgart, 1864, p. 329.

devons admettre la possibilité que le copiste ait relevé la date de 1284 dans la version qu'il a recopiée ou que les diverses parties, écrites 1258-1284, ont été assemblées peu après 1284. Néanmoins, *Li Romans de Witasse Le Moine* commence f. 325vo., col. b, à côté de la fin du *Roman de la Violette,* col. a, et nous croyons que notre version date de 1284. [2]

Le manuscrit 1553 comporte de nombreuses miniatures et des initiales enluminées, surtout au commencement de chaque partie. Notre roman commence avec une grande initiale qui renferme une miniature dans laquelle un moine est assis ou à genou devant un diable duquel il reçoit un livre. Il nous semble que cette miniature représente Witasse Le Moine "a Toulete .... Ou parloit au malfé meïsme".

Le manuscrit renferme plusieurs romans et d'autres textes. [3]

Les manuscrits perdus de la Tour du Louvre

Jean Barrois [4] cite deux versions de notre roman qui se trouvaient dans la bibliothèque de Charles V et qui étaient relevées dans les inventaires de la Tour du Louvre en 1373 et 1380. [5] Nous les citons de nouveau sous les libellés de l'inventaire:

"No. 71 Wytasse le moyne, en un meschant caïer sans nulle couverture.
No. 81 Du bel Estanor *(sic)* de la montagne et de Witasse le moine, avecques tres grans truffes".

---

[2] Nous citons Léopold Delisle: "Le ms. fr. 1533 est l'œuvre de plusieurs copistes qui semblent avoir travaillé en même temps sur des cahiers différents qu'on a rassemblés après coup. Il ne m'a pas semblé facile de faire exactement la part de chacun.... Je crois bien que le volume entier doit être rapporté aux environs de l'année 1285." *Recherches sur la librairie de Charles V,* Paris, 1907.

[3] Voir J. Taschereau: *Catalogue des manuscrits,* op. cit.

[4] *Bibliothèque protypographique ou Librairies des fils du Roi Jean,* Paris, 1830.

[5] Ces manuscrits n'étaient plus entre des mains royales quand les inventaires suivants furent établis, et ils n'ont d'ailleurs pas été retrouvés. Il est probable que le duc de Bedford s'empara de l'un lors de l'invasion des Anglais en 1424; un état de déficit constaté dans la librairie du Louvre en 1411 indique que l'autre fut donné par Charles VI à sa femme Isabeau de Bavière le 29 août 1390. (Cf. L. Delisle: *Recherches sur la librairie de Charles V,* t. II, p. 180, no. 1103, et p. 198, no. 1223).

Nous n'avons pu relever aucune trace de ces deux manuscrits, mais, étant donné que les deux versions se trouvaient entre des mains royales dès 1373, il semble que notre roman était beaucoup plus connu que ne le suggère l'unique manuscrit parvenu jusqu'à nous.

II. AUTEUR

Notre auteur ne se nomme pas dans son récit et ne nous donne aucun renseignement sur sa personne. Francisque Michel [6] s'est prononcé en faveur d'Adenet le Roi, mais ce choix frappant et même séduisant ne se base que sur un seul vers, (l. 2258), que Michel transcrivit: "Od lui mena le roi Adan". Malheureusement, il est évident que cette leçon n'est pas la bonne; [7] Foerster en relisant le manuscrit transcrivit: "Od lui mena le roi a dan.", tout en pensant que ce roi était Jean-sans-Terre et que *dan* égale *dommage*. Nous l'avons relu et nous nous sommes décidés en faveur de "Od lui mena le roi a Dan.", car, à notre avis, le roi était en effet Philippe-Auguste qui en mai 1213 assembla une flotte à Damme, (port de Flandre-Occidentale, actuellement dans l'arrondissement de Bruges), où les forces françaises essuyèrent une défaite le 30 mai 1213 dans laquelle le roi perdit une grande partie de ses navires: "Ses nés perdi li roi cel an", (l. 2259). Nous soulignons que cette nouvelle leçon n'élimine pas tout à fait Adenet le Roi, mais nous ne pouvons plus appuyer un tel jugement sur le vers en question, (l. 2258).

L'auteur, apparemment anonyme, aurait écrit son roman entre 1223, date du sacre de Louis VIII, [8] et 1284, date du manuscrit. Il est évident que l'auteur connaissait très bien l'histoire des premières années du treizième siècle en ce qui concerne le Boulonnais, mais il est un peu vague quand il décrit les voyages d'Eustache jusqu'à la Méditerranée et en Angleterre; peut-être quelques années se sont-elles écoulées depuis la mort d'Eustache.

---

[6] *Roman d'Eustache Le Moine,* Paris et Londres, 1834, p. xxiv.

[7] Ce passage est inintelligible si nous avons affaire à Adenet le Roi. Voir aussi *Le Jeu de Saint Nicolas,* l. 1332, éd. Albert Henry, Bruxelles, 1962.

[8] Voir l. 1298 et l. 2254.

Ce manque d'exactitude dans sa connaissance des enfances d'Eustache va loin pour expliquer le merveilleux prologue qui précède le vrai commencement du roman, (l. 300).

Mais qui était notre auteur? En effet, nous ne le savons pas, mais, en toute probabilité, c'était un jongleur de talent des années 1223-1284, jongleur qui parcourait le Boulonnais et connaissait à fond et en savait long sur les légendes populaires et l'histoire locale. Il est à noter que le B. N., f. fr., 1553 juxtapose notre roman et *Le Roman de la Violette* de Gerbert de Montreuil qui aurait écrit son roman entre 1227-1229.[9] Est-ce que nous avons affaire à Gerbert de Montreuil? Il faut nous méfier, car le manuscrit perdu, cité par Barrois,[10] juxtaposa *Witasse* et l'*Escanor* de Girart d'Amiens; est-ce lui? Nous nous escrimons à le dire, nous ne le savons pas.

Néanmoins, nous avons affaire à un homme qui connaissait les routes de Picardie, qui était trempé dans son histoire, et qui vraisemblablement exerça son métier dans une région où les gens pouvaient apprécier la couleur locale dont il para son œuvre; il ne pouvait guère dénaturer son sujet, car parmi ses auditeurs il y en aurait probablement eu qui avaient connu Eustache Le Moine. La langue même de notre auteur le trahit; nous sommes en pleine Picardie. C'est un Picard qui écrit un vers simple, clair et souple, un Picard qui mérita d'être connu, d'être le trouvère particulier d'un seigneur du pays, mais il y a un je ne sais quoi qui nous amène à croire qu'il est resté le jongleur favori des foules qui tournaient en rond sur les places de village et dans les marchés des petits bourgs. C'est qu'il paraît railler l'idée de l'autorité même dans le personnage bafoué du comte Renaud dont les bêtises sont mises plus en relief que les malices d'Eustache qui sont vues d'un œil indulgent; notre auteur tente une satire du despotisme des seigneurs féodaux. Alors, aux noms de Gerbert de Montreuil, de Girart d'Amiens et d'Adenet le Roi, nous pouvons ajouter celui de Jacquemart Gielée, poète et satiriste lillois. Si notre auteur ne se trouve pas dans leurs rangs, il est, du moins, un de leurs dignes confrères.

---

[9] D. L. Buffum: *Le Roman de la Violette ou de Gerart de Nevers par Gerbert de Monteuil*, (S. A. T. F.), Paris, 1928, p. lvii.
[10] op. cit.

III. Historique

Ce roman du treizième siècle nous présente un mélange de motifs folkloriques, d'histoire interne du Boulonnais, et des relations entre la France, l'Angleterre et le comté de Boulogne pendant les années 1200-1217, mais c'est surtout l'histoire vue à travers les démêlés du comte de Boulogne avec son ancien sénéchal. Tout le récit montre une forte sympathie pour le personnage et les aventures du moine-sénéchal devenu hors-la-loi, puis pirate, et une antipathie contre Renaud de Dammartin, comte de Boulogne, qui entre toujours en scène dans le rôle d'un bouffon ou d'un râté. Tous les deux se poursuivent au long des années avec une amertume inhabituelle. La description de leurs luttes acharnées est du domaine du folklore. Cet élément folklorique n'est cependant qu'une apparence; la plupart des aventures d'Eustache sont solidement basées sur des faits historiques. Quand l'auteur anonyme lui impute des conaissances en magie, où il est probable qu'il affirme ce dont il n'est pas très certain, c'est que ses connaissances remontent dans une certaine mesure aux légendes populaires qui se groupèrent bientôt sous le nom du *dyable moigne guerrier;* ce qui n'est pas contestable c'est qu'Eustache eut des aventures. Quant à cet Eustache, on l'a bien des fois comparé à Robin des Bois; peut-être avons-nous en effet affaire à un devancier du célèbre Frère Tuck; mais qui était cet Eustache? Nous allons essayer de reconstruire ici les grandes lignes de sa vie et de celle de son adversaire en tant que personnages historiques.

Eustache Le Moine (vers 1170-1217)

Eustache naquit paraît-il à Courset qui se trouve actuellement dans l'arrondissement de Boulogne. Il était fils de Baudoin Busket, pair du Boulonnais. [11] Il est à peu près certain qu'il alla jusqu'au littoral de la Méditerranée où il apprit les tactiques de combat naval en usage chez les Italiens; [12] il n'alla pas à Tolède apprendre

---

[11] ll. 306-307.
[12] Une main anonyme a ajouté dans la marge de la copie d'Henri Malo: *Eustache Le Moine, un pirate boulonnais au XIIIe. siècle* que possède le

la magie noire. Quoiqu'il en soit, il revint dans le Boulonnais et entra à l'abbaye de Saint Samer.

Peu après 1190, [13] son père, Baudouin Busket, était en procès avec un certain Hainfrois de Hersinghen; [14] celui-ci mit rapidement fin au procès en faisant tomber Busket dans une embuscade à Bazinghem où il fut tué. Eustache, fou de rage, quitta son monastère pour réclamer justice à son seigneur, Renaud de Dammartin, comte de Boulogne. Il fut convenu que cette affaire serait réglée par un combat judiciaire. Moine, Eustache avait peu de confiance dans l'impartialité de Dieu et dénonça un tel procédé; [15] Hainfrois de Hersinghen doutait aussi de l'issue du combat et, se prévalant des droits de l'âge, fit appel à l'un de ses vassaux, Eustache de Marquise, pour être son champion. Le parti des Busket fut pris par un neveu de Baudouin Busket, Manasier. Celui-ci fut vaincu, tout comme Eustache Le Moine s'en était douté. Eustache s'était déjà retiré dans ses domaines familiaux pour y préparer une vengeance à son heure.

Après avoir pris le parti de Richard-Coeur de Lion, Renaud de Dammartin s'entendit avec Philippe-Auguste et l'accompagna dans la conquête de la Normandie et de la Touraine (1200-1203). [16] Pendant son absence il confia ses terres à un sénéchal qui n'était autre qu'Eustache Le Moine. En cette qualité Eustache avait à défendre le Boulonnais contre les déprédations du comte de Guînes, et il convoqua, en août 1203, les gens de Marck pour trente jours pour fortifier la chaussée de Nieuport et ainsi interdire l'accès de Sangatte. Pendant que les ouvriers réquis étaient au

---

Musée Britannique l'observation suivante: "Il a certainement voyagé puisque c'est lui qui a implanté dans la Manche les méthodes de combat des Italiens (à moins que ces derniers ne les lui en ont appris, mais c'est peu probable, car ceux qui venaient de là étaient surtout des commerçants)". Nous acceptons ce point de vue.

[13] Après 1190 le nom de Baudouin Busket ne paraît plus comme témoin dans des chartes. Pour l'une de ses dernières signatures, voir *Arch. dép. du Pas-de-Calais, A 5², ch. d'Artois*.

[14] ll. 311-317.

[15] ll. 364-369.

[16] P. Héliot: *Histoire de Boulogne et du Boulonnais*, Lille, 1937, p. 76.

travail, Baudouin de Guînes arriva pour les disperser; ce fut bientôt fait et les gens de Marck furent mis en déroute. [17]

Renaud de Dammartin revint à Boulogne en décembre 1203. [18] Bientôt Hainfrois de Hersinghen, qui poursuivait toujours Eustache de sa haine, intrigua auprès du comte pour le persuader que le sénéchal truquait les comptes; Renaud demanda des comptes à Eustache. Celui-ci répondait qu'il était prêt à rendre raison de ses baillages, mais, rendez-vous ayant été fixé au château de Hardelot, il se douta que le comte voulait l'emprisonner, et il partit à la dérobée dans la grande forêt qui recouvrait le Boulonnais. [19] En apprenant cela, le comte Renaud se mit en rage, confisqua ses biens et dévasta ses terres. [20] C'est à ce point que commence la suite d'aventures à laquelle notre roman consacre tant de vers: Comme nous l'avons dit plus haut, quelques-uns sortent en toute probabilité des légendes populaires, [21] mais il est fort possible qu'Eustache ait brûlé des moulins pour célébrer les noces de Simon de Boulogne, [22] et qu'il ait attaqué les forces de Renaud de Dammartin qui formaient l'arrière-garde de l'armée de Philippe-Auguste se rendant à Sangatte.

Les aventures d'Eustache aux alentours de Boulogne avaient dû durer un an au plus avant qu'il ne partît pour écumer la Manche. En avril 1205 Jean-sans-Terre ordonna aux baillis des ports d'aider un certain Guillaume le Petit à recouvrer son navire pris par Eustache. [23] Vers cette époque, Eustache s'empara de l'île

---

[17] *Chroniques de Guillaume d'Andres et de Lambert d'Ardres* rapportées par Haigneré: *Dictionnaire archéologique des communes du Pas-de-Calais*, t. II, et aussi *H. F.*, XXVIII, p. 587s., et *M. G.*, XXIV.
[18] H. Malo: *Renaud de Dammartin*, Paris, 1898, p. 92.
[19] l. 392.
[20] ll. 395-396.
[21] *Fouke Fitz Warin*, (Ms. Musée Britannique, Royal 12. C. XII., f. 45 vo. et f. 52 vo.), éd. L. Brandin, (C. F. M. A. 63), Paris, 1930, p. 43, ll. 22-28 et p. 68, ll. 12-22 où nous trouvons des aventures parallèles à celles d'Eustache; Fouke aussi devient charbonnier et peut bien au besoin faire changer les fers de son cheval.
[22] "Sur une hauteur située à peu de distance de la Haute-ville de Boulogne, mais séparé d'elle au XIIIe siècle par un ravin profond et escarpé, qui n'a été comblé qu'au XVIIIe siècle sous l'administration du maire Mutinot, se trouve un endroit qu'on appelle encore aujourd'hui les Quatre-Moulins". (H. Malo: *Eustache Le Moine*, (Revue du nord), Paris, 1893, p. 15.)
[23] Appendice no. 9.

de Sercq où il se ménagea un repaire. Peu après, il entra au service du roi d'Angleterre qui lui donna d'autres navires pour faire la guerre à Philippe-Auguste. En novembre 1205 Enguerrard de Sandwich reçut l'ordre de remettre les *deniers* arrêtés par Eustache, [24] et il paraît aussi que celui-ci continua à brigander et était en guerre avec les baillis des Cinq-Ports; néanmoins, il était toujours en relations avec le roi qui lui accorda des sauf-conduits en mai 1206 et en avril 1207. [25] Enfin, en octobre, le conétable de Porchester dirigea une expédition contre Sercq et s'en empara pendant l'absence du pirate; le frère et l'oncle d'Eustache, plusieurs chevaliers et quatorze sergents furent faits prisonniers et conduits à Southampton, puis à Winchester. [26] Tout s'arrangea bientôt, car en 1209 Jakemin, frère d'Eustache, alla en Flandre en tant qu'ambassadeur du roi Jean, [27] et Eustache lui-même se rendit à Boulogne comme ambassadeur auprès du comte Renaud; il y était en juin 1209 pour être témoin d'une charte donnée par le comte à la ville d'Ambleteuse. [28] Il retourna en Angleterre pour être remboursé de ses dépenses. [29] Son passage par Boulogne fut bientôt apris par Philippe-Auguste qui insista pour que Renaud de Dammartin promît de ne plus avoir de relations avec le pirate; [30] aussi le nom d'Eustache est-il compris dans une liste de proscrits qui date de 1209. [31] En revanche, Eustache était à Londres quand Renaud y arriva pour des conversations avec le roi Jean, et y était toujours le 4 mai 1212 pour témoigner de la charte d'alliance entre le comte Renaud et le roi. [32] Le comte de Boulogne exerça alors une grande influence sur le Roi Jean et profita de l'occasion pour retourner le roi contre Eustache. Eustache dut se méfier, mais il était toujours en Angleterre en octobre 1212; il partit bientôt après et se rangea sous la bannière de

---

[24] Appendice nos. 10 et 11.
[25] Appendice nos. 12 et 13.
[26] Henri Malo: *Eustache Le Moine*, Paris, 1893, pp. 15-16. Il est bien possible que cette expédition se confonde avec le rapport de celle de 1214.
[27] Appendice no. 14.
[28] E. T. Hamy, *Bulletin de la Société académique de Boulogne*, no. 1, 1866; et Appendice no. 15.
[29] Records Office, *Misae Rolls*, 11th John, 655; Appendice no. 14.
[30] Appendice no. 17.
[31] Appendice no. 17.
[32] *Rotuli chartarum in Turri Londinensi asservati, I, 186,* Londres, 1837.

Philippe-Auguste qui était bien aise d'avoir ce *fléau de la Manche* de son côté. Eustache se dépêcha de s'emparer encore une fois des Iles Anglo-Normandes. [33] Philippe-Auguste prépara alors l'invasion de l'Angleterre et assembla une flotte dans les ports de la Manche, quinze à dix-sept cents voiles se concentrant à Damme, Gravelines et Boulogne le 10 mai 1213. [34] Malheureusement le pape leva l'excommunication de Jean-sans-Terre, et, pendant que Philippe-Auguste hésitait, sa flotte subit une attaque à Damme par des forces sous Renaud de Dammartin, Guillaume Longue-Epée et Brian de l'Isle. Il est probable que dans cette attaque Eustache perdit *la nef de Boulogne,* immense navire en forme de château qu'il avait fait construire à Calais et qu'il voulait être un objet de terreur pour les Anglais. [35]

En novembre 1214, Philippe d'Aubigny attaqua Sercq au nom du roi Jean et s'empara d'un frère d'Eustache et de plusieurs de ses hommes; [36] il les rendit au connétable de Porchester qui dut les garder dans son château; treize serviteurs pris en même temps furent dirigés sur Winchester. [37] A ce moment les barons anglais commencèrent leur révolte contre le roi Jean et Eustache s'empressa de leur faire passer des armes. Ses terres à Swaffam dans le Norfolk furent confisquées et données à William de Cuntes. [38] Néanmoins, il se tramait quelque chose car en avril 1215 [39] Jocelin des Monts, connétable de Porchester reçut l'ordre de mettre en liberté les prisonniers de Sercq, et en juin 1215 l'abbesse de Wilton fut chargée de délivrer la fille d'Eustache; selon notre roman la fille serait morte. Eustache débarqua à Folkestone pour récupérer sa fille ou son corps. [40] Il est possible aussi qu'Eustache ait repris les Iles Anglo-Normandes au cours de cette année, [41] et il

---

[33] Appendice nos. 21-24, 26-27.
[34] H. Malo: *Renaud de Dammartin,* Paris, 1898, pp. 167-170; *Histoire des ducs de Normandie,* Upsala, 1951; Guillaume le Breton: *Chronique* et *Philippiade; Historiens de la France,* t. XVII, p. 700.
[35] P. Ahier: *Stories of Jersey Seas, of Jersey Coast and of Jersey Seamen,* Part III, Jersey, s. d., p. 266.
[36] Appendice nos. 21-24, 26-27.
[37] Appendice nos. 21-22, 24.
[38] Appendice no. 28.
[39] Appendice no. 27.
[40] Appendice nos. 29 et 30.
[41] Appendice no. 31.

est certain qu'il contrôla la Manche; Philippe-Auguste informa en effet Walo, légat du pape, qui lui demandait un sauf-conduit, qu'il ne pourrait le protéger contre Eustache Le Moine. [42]

En mai 1216, huit cents navires embarquèrent les forces du prince Louis à Boulogne, Wissant, Gravelines et Calais pour passer en Angleterre où les barons anglais voulaient remplacer le roi Jean sur le trône. A peine Louis eut-il été débarqué le 30 mai 1216 à l'Ile de Thanet par Eustache que le roi Jean mourut. [43] Ayant le choix entre Louis et le jeune Henri III, les barons anglais préférèrent l'enfant qui ne pourrait limiter leur pouvoir. [44] Eustache exerçait toujours ses pouvoirs dans les Iles Anglo-Normandes, [45] et il continua à aider Louis. Se joignant à une armée rassemblée par Robert de Courtenai qui s'embarquait pour soutenir Louis, il partit pour l'Angleterre; en pleine mer on vit approcher quelques navires anglais. Robert de Courtenai ordonna qu'on se dirige sur eux, mais, apparemment, les autres navires ne le suivirent pas ou le firent trop tard. Le navire d'Eustache se trouva avoir à faire face à quatre navires anglais, et en peu de temps fut pris. Eustache fut décapité sur-le-champ par Richard, bâtard du Roi Jean, après avoir été trouvé dans la sentine. [46] Il mourut le 24 août 1217. [47] Louis se retira aussi bien que possible, et la paix fut signée le 11 septembre 1217; les frères d'Eustache sont nommés dans le traité de paix. [48] C'est alors que la légende s'empara de l'*Archipirate boulonnais*.

Renaud de Dammartin (1165/70-1227), comte de Boulogne 1190/1214). Renaud naquit dans la maison des comtes de Dammartin; il accéda au comté et épousa Marie de Châtillon. Ami personnel de Philippe-Auguste, il fut patronné par celui-ci quand il répudia sa femme et se présenta comme prétendant à la main d'Ide, comtesse de Boulogne, veuve en 1181 et à nouveau en 1186. D'autres puissants seigneurs prétendaient également à la main

---

[42] Appendice no. 32.
[43] Appendice nos. 33-35.
[44] Appendice nos. 35-37.
[45] Appendice nos. 38-48.
[46] Appendice nos. 38-48.
[47] Appendice nos. 38-48.
[48] Appendice no. 50.

de cette riche héritière, mais en 1190 Renaud trancha la question en enlevant la jeune femme. Romanesque de nature, la comtesse Ide fut bien impressionée par cette façon d'agir; peu après elle épousa Renaud. Celui-ci dut pendant quelque temps se battre pour défendre ses droits et s'assurer la possession du Boulonnais, mais il ne fut que rarement inquiété après le 1ᵉʳ mars 1192 quand l'Artois passa au prince Louis, fils de son patron Philippe-Auguste. [49] Renaud était alors en état d'être le plus remuant des comtes de Boulogne. Quoique doué d'intelligence et d'énergie, il était malheureusement ambitieux, irascible et surtout vindicatif, et ces défauts le mirent en opposition avec son suzerain. L'affaire aboutit en 1197 quand Philippe-Auguste aplanit une dispute entre Renaud et le comte de Saint-Pol en interdisant à Renaud de se venger d'un coup de poing qu'il avait reçu en plein visage. [50] Renaud se sentit humilié et eut recours à Richard-Cœur de Lion; [51] en son nom il dévasta l'Artois et la Picardie. Le différend fut enfin résolu en 1201, un an après le traité de Goulet (1200), lors des fiançailles de Mahaut, fille de Renaud, et du prince Philippe, fils naturel de Philippe-Auguste.

Rentré en grâce, Renaud brilla dans la conquête de la Normandie et de la Touraine; il était devant Radepont au cours du siège en 1203; [52] il était accompagné de son sénéchal, Daniel de Bétancourt, en l'absence duquel ce poste avait été confié à Eustache Le Moine. [53] Tout en étant harcelé par celui-ci, Renaud s'occupa des affaires du comté, accordant des chartes et consolidant son pouvoir; il était toujours aussi rapace, car en janvier 1205, revenant de Royen où il témoignait d'une charte le 13 novembre 1205, et passant par Clairmarais, il ne put résister à la tentation d'enlever les troupeaux appartenant à l'abbaye, [54] d'où un procès qui aboutit à un arrêt du 2 avril 1206 en faveur de

---

[49] H. Malo: *Renaud de Dammartin,* Paris, 1898, et P. Héliot: *Histoire du Boulonnais,* Lille, 1937, pp. 72s.
[50] P. Héliot, op. cit., p. 76.
[51] P. Héliot, op. cit., p. 76.
[52] H. Malo, op. cit., p. 91.
[53] Lambert d'Ardre: *Chronique;* et *Historiens de la France,* t. XXVIII, pp. 587s.
[54] H. Malo, op. cit., p. 94.

l'abbaye. Renaud dut restituer les troupeaux, reconnaître les libertés de l'abbaye et payer 150 livres parisis d'amende. [55]

Renaud fut toujours en opposition avec ses voisins; en 1209, avec l'aide de Philippe-Auguste, il réussit à écraser un rival et ancien ennemi, le comte de Guînes. [56] Dès cette année son ambition effrenée le fit s'écarter peu à peu de Philippe-Auguste pour se rapprocher du roi d'Angleterre, Jean-sans-Terre, de l'empereur Otton IV et du comte de Flandre; en juin 1209 il alla jusqu'à recevoir une ambassade du roi Jean en la personne d'Eustache Le Moine. [57] Philippe-Auguste commença à concevoir des doutes sur la fidélité de son vassal et en novembre lui fit renouveler ses promesses. [58] Renaud équivoqua, promit, et jura de ne plus avoir de relations avec Eustache; [59] le roi fit aussi jurer le comte de Pontieu, le vidame de Picquigni, Robert de la Tournelle et Raoul de Clermont. [60] Néanmoins, le comte de Boulogne était à Londres en 1211 pour rendre visite au roi Jean. [61] Accompagné de ses vassaux, il se présenta devant lui en 1212; il fit hommage et signa un traité d'alliance le 4 mai 1212. [62] Renaud était au comble du pouvoir en Angleterre et son nouveau suzerain reconnaissant lui donna des fiefs; [63] Philippe-Auguste en profita pour confisquer ses biens et déléguer le gouvernement du Boulonnais au prince Louis; [64] Renaud n'en avait cure.

Toujours vindicatif, Renaud saisit l'occasion pour intriguer auprès du roi Jean contre Eustache Le Moine contre lequel il ressentait un dépit extrême. [65] Le pirate s'enfuit pour s'allier avec Philippe-Auguste contre son ancien seigneur. [66] En mai 1213, le

---

[55] D. Bertin de Vissery, p. 249.
[56] P. Héliot, op. cit., pp. 76-77.
[57] H. Malo, op. cit., p. 137; Appendice no. 15.
[58] Appendice no. 17.
[59] Appendice no. 17.
[60] Appendice no. 17.
[61] Appendice no. 16.
[62] *Rotuli chartarum*, I, 186.
[63] H. Malo, op. cit., pp. 146-147; *Rotuli litterarum patentium in Turri Londinensi asservati*, I, 116-119; *Rotuli chartarum*, I, 186; *Misae Rolls*, 14th John.
[64] H. Malo, op. cit., p. 155, et P. Héliot, op. cit., p. 77.
[65] H. Malo, op. cit., p. 156.
[66] Appendice no. 16; et aussi *Histoire de Guillaume le Maréchal*, II, pp. 263-267, vv. 17365s, Paris, 1891-1901, (S. H. F.).

comte de Flandre demanda aide au roi Jean qui dépêcha des forces sous le commandement de Guillaume Longue-Epée, de Brian de l'Isle et du comte Renaud de Boulogne.[67] Ces forces tombèrent sur la flotte assemblée par Philippe-Auguste à Damme, pillant et brûlant ses navires.[68] Ce fut la dernière réussite de Renaud de Dammartin, car il fut pris à Bouvines un an après (le 27 juillet 1214); toujours accompagné de Guillaume de Fiennes, d'Ansiau de Caieu, d'Eustache le Bouteiller, de Guillaume de Montcavrel et de Walo de la Capelle, il fut le dernier à se rendre.[69] N'ayant rien à attendre de la clémence du roi de France, il languit de longues années en captivité à Bapaume et à Péronne; désesperé, il se suicida le 21 avril 1227 au château de Goulet; il était oublié depuis longtemps. Il fut enterré dans l'église de Saint-Leu-d'Esserant.

Bientôt devenu caricature, il garda une certaine célébrité à son époque et trouva une place dans des œuvres telles que *Li Plait de Renaut de Dant Martin contre Vairon son roncin* et dans notre roman. Ce fut en effet une vie manquée.

ANALYSE DU ROMAN

(a) Prologue où Witasse le Moine passe pour posséder des connaissances de la magie noire (1-279):

Son apprentissage de sorcier à Tolède fini, Witasse se met en route vers Saint Samer. Arrivé à Montferrant, Witasse et ses compagnons s'engagent dans une dispute dans une taverne et Witasse jette un sort sur la taverne par suite duquel la tavernière et les clients se mettent tous nus et entament tous les fûts; voilà la bacchanale qui commence. Tenu responsable de celle-ci, Witasse doit s'enfuir, mais un de ses compagnons envoûte les villageois de Montferrant qui croient voir un torrent se soulever entre eux et leur proie. Les villageois rentrent chez eux, mais Witasse fait demi-tour, et un autre maléfice provoque de la bagarre qui

---

[67] H. Malo, op. cit., p. 169.
[68] H. Malo, op. cit., pp. 167-170.
[69] H. Malo, op. cit., pp. 202s., et aussi P. Héliot, op. cit., p. 78.

dure jusqu'à ce que Witasse juge que la tavernière et les villageois sont assez punis (1-159).

Rencontrant un charretier, Witasse et sa compagnie lui offrent douze deniers pour les transporter un bout de chemin. Refusant de ralentir son allure, le charretier conduit au mépris de ses passagers. Un sort fait que le malheureux croit que la charrette recule malgré ses efforts de pousser ses chevaux. Enfin le charretier commence à avoir des doutes sur ses passagers et demande qu'ils descendent même sans qu'ils paient le prix convenu. Witasse veut bien descendre, et, quand les sorciers sont partis, le charretier voit qu'il est arrivé à sa destination (160-219).

Witasse gagne le Boulonnais et entre à l'abbaye de Saint Samer où il se sert de ses facultés occultes pour confondre la vie claustrale. Aux prises avec le supérieur, Witasse met les moines en fuite par ses enchantements, file avec les vivres, et met tout en gage jusqu'aux crucifix et statues (220-279).

(b) Introduction citant Basin de Gênes, Maugis d'Aigremont, et les Trois Larrons dont les aventures sont censées être beaucoup inférieures à celles de Witasse (280-303).

(c) Witasse, fils de Baudouin Busket, pair du Boulonnais, naquit à Courset. Par suite d'un procès, son père est tué dans une embuscade dressée par Hainfrois de Heresinguehans. Witasse, moine de l'abbaye de Saint Samer, réclame justice au comte de Boulogne, et il est convenu que l'affaire sera règlée par un combat judiciaire. Moine, Witasse ne se fie pas trop à Dieu, et, dénonçant le combat, il annonce qu'il aura sa vengeance à son heure. Witasse se retire, et Manasier, champion des Busket, est vaincu (304-372).

Hainfrois de Heresinguehans intrigue auprès du comte pour le dresser contre son sénéchal qui n'est autre que Witasse. Celui-ci, convoqué de rendre raison de ses baillages, prend la fuite. Le comte confisque les biens de Witasse qui se venge en brûlant les moulins de Boulogne. Malgré les efforts du comte pour le saisir, Witasse parvient à s'évader (373-429).

Witasse, maître de fausses apparences, se travestit en moine de l'abbaye de Clairmarais, puis il aborde le comte pour le prier de pardonner à Witasse le Moine. Cet appel à la clémence est repoussé, car le comte croit reconnaître Witasse. Tous les vassaux du comte sont unanimes pour le démentir. Par conséquent,

Witasse, une fois rendu à la liberté, se dirige vers les écuries où il vole au comte son meilleur destrier (430-577).

Witasse dépiste la poursuite, cache le cheval, et, déguisé en berger, attend le passage du comte. Celui-ci demande au berger où se trouve Witasse le Moine et, après avoir été mis sur la mauvaise voie, passe sa colère sur deux moines de Clairmarais. Dans l'intervalle, Witasse arrête le varlet qui garde les chevaux, lui tranche la langue, et finit comme toujours par filer avec les chevaux (578-659).

Le comte poursuit Witasse partout à travers la forêt de Hardelot. L'un des deux guetteurs de Witasse offre de livrer son maître dans les mains du comte. Malheureusement pour lui l'autre guetteur, remarquant la trahison, en rend compte à Witasse. Le traître ne revient que pour trouver la mort aux mains de Witasse. Peu de temps après le comte arrive à toute vitesse, trop tard pour empêcher que Witasse échappe, mais à temps pour saisir deux de ses sergents et leur crever les yeux (660-741).

Ayant confié la garde des deux moines prisonniers à cinq sergents, le comte poursuit sa route vers Saint Omer. Witasse tend un guet-apens, tranche les pieds à quatre des sergents et envoie le cinquième annoncer la nouvelle au comte. Celui-ci poste vingt chevaliers dans la forêt, mais cela ne sert à rien (742-775).

Witasse entraîne le comte et sept de ses chevaliers dans une embuscade tendue par trente des hommes de Witasse. Witasse veut se réconcilier et, lorsque le comte rejette avec mépris l'offre d'un accord, il lui donne un sauf-conduit (776-853).

Un jour le comte Renaut entend dire que Witasse loge dans un certain château. Il part tout de suite pour s'en saisir, ne cessant de presser le pas que pour demander à un paysan où trouver Witasse. Le paysan le met encore une fois sur la mauvaise voie et lui dérobe un cheval (854-899).

Le comte abandonne la poursuite et rentre vers Hardelot. Sur son chemin il rencontre onze pèlerins qui lui annoncent qu'ils font pénitence pour leurs péchés. Avant d'entrer dans son château, le comte leur donne trois sols; ce ne sont autre que Witasse et ses hommes qui saisissent les chevaux et mettent le feu à la ville (900-929).

Witasse rencontre un marchand de Boulogne et lui demande sa bourse. Le marchand déclare qu'il ne possède que quarante livres et quinze sols. Witasse constate que c'est la verité et lui rend sa bourse à condition qu'il se présente au comte Renaut pour lui rendre la dîme de tout ce que Witasse lui a dérobé. Le marchand se rend à Boulogne où il est saisi, car le comte le prend pour Witasse, mais il établit son identité et recouvre sa liberté (930-995).

Un espion du comte découvre la retraite de Witasse, et voilà le comte et ses hommes qui tendent un guet-apens dans un fossé. Un guetteur annonce leur présence à Witasse qui se travestit en charbonnier. Peu de temps après Witasse fait face au comte, lui disant qu'il cherche le comte de Boulogne pour se plaindre des déprédations de Witasse le Moine. Le comte demande où trouver Witasse et part pour le chercher. Witasse change de métier et devient potier. Le comte revient et demande au potier où trouver le charbonnier qui vient de passer. Witasse l'envoie tout le long de la route de Boulogne où le comte tombe sur un ex-potier qui a eu le malheur d'échanger ses pots contra l'âne et les charbons de Witasse. Cet individu se trouve saisi et malmené jusqu'au moment où un homme d'armes le reconnaît. Le comte revient sur ses pas. Witasse s'est réfugié dans un nid d'où il imite les cris du milan qu'entend le comte. Il se fit une drôle de conversation à la suite de laquelle le comte Renaut croit que l'oiseau lui offre de bons conseils. Le comte met la main sur quarante infortunés mais toujours sans trouver Witasse, (996-1185).

Le comte s'établit à Neuchâtel. Witasse se costume en femme de petite vertu. Un sergent brûle d'envie de se promener avec cette souillon dans la forêt, mais il se trouve bientôt désabusé quand il perd ses deux chevaux. Witasse le renvoie au comte, mais le sergent, n'osant pas retourner vers son maître, préfère s'enfuir du Boulonnais, (1186-1283).

Witasse harasse les forces de Philippe-Auguste qui porte plainte auprès du comte Renaut. Un espion révèle que Witasse s'est caché dans une ville sur le chemin du roi. Le comte, à la recherche de Witasse, rencontre un villain occupé à réparer des haies; celui-ci lui dit où trouver Witasse. Une fois le comte parti, le villain, car c'est Witasse, attaque l'arrière-garde de l'armée au grand complet de ses forces et s'en va avec le butin, (1284-1365).

Witasse et ses hommes préparent leur manger dans la forêt. Sans le vouloir Hainfrois de Heresinguehans arrive au milieu de ses ennemis qui l'invitent à partager leur repas. Witasse lui pardonne la mort de son père et le renvoie vers le comte. Le comte, faisant demi-tour, tombe sur un lépreux à qui il donne vingt-huit deniers. Le lépreux lui rend sa bonté en décampant avec un cheval, (1366-1422).

Boiteux et couvert de plaies hideuses, Witasse entre dans une église où il retrouve le comte Renaut. Le comte fait l'aumône à Witasse, mais celui-ci, loin d'en être content, demande au prêtre de faire appel en sa faveur à la générosité de l'assistance. Le prêtre demande la charité pour Witasse et le laisse faire la quête. Avant que la messe soit finie, Witasse s'en va à la dérobée et, bien entendu, enlève au comte son cheval, (1423-1493).

Par un jour de neige le bruit court que Witasse se réfugie dans un certain hameau. Le comte se hâte pour le faire prisonnier, mais, à son insu, un de ses vassaux a prévenu Witasse qui réussit à s'évader. Le comte tombe sur les traces du cheval et en les suivant arrive à son point de départ, car Witasse a fait retourner les fers de son cheval, (1494-1545).

En rentrant, le comte et ses hommes passent devant une église en construction. Un des sergents demande des renseignements à un charpentier qui lui annonce que Witasse est dans l'édifice. Le sergent demande au charpentier de prendre la bride de son cheval pendant qu'il entre dans l'église. Le charpentier lui dérobe le cheval et le sergent doit continuer sa route à pied dans la neige, (1546-1637).

Le comte revient pour surprendre Witasse. Celui-ci gagne son cheval, mais la selle branle et Witasse en tombant est fait prisonnier. Le comte Renaut veut le faire pendre sur-le-champ, mais, ses vassaux lui forçant la main, il décide de l'envoyer à Paris pour le faire juger par le roi, (1638-1718). Pieds et poings liés, Witasse est transporté vers Paris dans un tombereau. Quelques-uns des vassaux du comte de Boulogne ferment les yeux pendant que les autres délivrent le prisonnier. Witasse ne fait pas de façons, passe la Canche, et quitte les domaines du comte Renaut. Etant tombé sur l'abbé de Jumièges, il le menace et lui demande sa bourse. L'abbé lui dit qu'il n'a que quatre marks, mais, en prenant la bourse, Witasse y découvre quarante marks dont il en rend quatre à l'abbé, (1719-1777).

Marchand de poisson, Witasse revient à Boulogne pour vendre des maquereaux à la garnison. Les comptes n'étant pas réglés, Witasse met la main sur quatre chevaux. Le comte le poursuit mais ne parvient pas à déceler les déguisements de Witasse, (1778-1819).

Pâtissier, Witasse se rend à Boulogne où il présente des tartes au comte à qui il plaît d'accepter le cadeau. Mais ce sont des tartes spéciales à la glu et les courtisans ne sauront en retirer les dents, (1820-1881).

Witasse traverse la Manche pour entrer au service du roi Jean sans Terre. Le roi d'Angleterre lui donne trente navires pour faire la guerre aux Français. Witasse part pour dévaster les îles Anglo-Normandes, (1882-1953).

Witasse se rend à Harfleur où il rencontre par hasard Cadoc, sénéchal de la Normandie, à qui il offre de délivrer Witasse le Moine. Ayant entraîné Cadoc et ses hommes à s'embourber dans un marais, Witasse regagne son navire et prend la mer. Après avoir pillé Barfleur et Guernesey, Witasse revient pour capturer cinq des navires de Cadoc avant d'écumer la Manche, (1954-2135).

Witasse rentre en Angleterre où le roi lui présente un bel hôtel à Londres. Witasse le fait démolir et, malgré la consternation du roi, commence la construction d'un palais, (2136-2159).

Le comte de Boulogne, s'écartant du roi de France, se présente au roi Jean d'Angleterre. Witasse craint que le comte ne saisisse l'occasion pour intriguer contre lui et il fait des préparatifs pour quitter l'Angleterre. Le roi Jean le fait surveiller, mais Witasse se travestit en jongleur et s'embarque dans une nef qui part pour Boulogne, (2160-2214).

Arrivé à Boulogne, Witasse part à la recherche du roi Philippe qui est bien aise de l'avoir de son côté, bien que le roi s'étonne à voir la petite stature de Witasse, (2215-2249).

Witasse rend de bons services au roi de France, convoie le prince Louis en Angleterre, mais est suspecté de complicité dans la défaite de la flotte assemblée à Damme par Philippe-Auguste; toutefois, il n'est pas d'homme assez courageux pour lui imputer la responsibilité, (2250-2265).

Witasse reprend la mer pour livrer bataille à vingt navires anglais. Il s'ensuit un combat acharné où les Anglais lèvent un rideau de fumée avant d'aborder le navire de Witasse. Celui-ci est décapité et la bataille perdue, (2266-2305).

Envoi moralisant sur la vie de Witasse, (2306-2307).

IV. LANGUE

Le sujet de notre roman et les connaissances du Boulonnais dont fait preuve notre auteur nous amènent à croire qu'il devait parler un dialecte picard. Nous ne disposons pas du manuscrit autographe, mais la langue de l'unique manuscrit, B. N., f. fr. 1553, montre quelques traits caractéristiques du parler du nord. Nous ne pouvons nous prononcer d'une façon catégorique puisque nous ne savons combien de manuscrits se sont intercalés entre notre auteur et le copiste du B. N., f. fr. 1553; nous nous bornons à enumérer les usages apparemment picards que nous avons relevés dans les rimes et dans certains passages du manuscrit.

Phonétique et orthographe

1. $C + a$ latin $>$ [k] écrit *c, k, qu*.

    ex. caraudes, 9; cavials, 134; careton, 160; cambre, 232; carnin, 270; cascuns, 359; candoiles, 412; decachant, 581; canga, 864; cevals, 970; acemine, 1018; escaufé, 1064; encargiés, 1097; escaper, 1106; kievre, 1241; vaque, 1426; acatés, 1781; et passim.
    (mais: chief, 101; vache, 142; chevals, 162; char, 271; achaté, 868; et passim).

    (Pope: # 1230, N. i.; Gossens: # 41)

2. $C + e, i$ latin $>$ [ʃ] écrit *c, ch, k*.

    ex. chi, (incipit); nigremanche, 7; dechoit, 16; bachin, 23; larrechin, 24; che, 47; chou, 88 kemugne, 123; manechier, 201; bochue, 262; reskignie, 262; baceler, 354; chelui, 1082; ochie, 1171; merchiers, 1177; rechevoit, 1441.

    (Pope: # 1320, N. i.; Gossens: # 38)

3. [X] (?).

    ex. gargchons, 669.

4. *T* + yod > *-c(h)*.

   ex. nigremanche, 7; ainc, 80, 334; machue, 134; forche, 175; corecher, 1313; tierch, 2283.
   (Pope: # 1320, N. i.; Gossens: # 38-39)

5. *T* + *s* > *-s*.

   ex. assés, 33; soiés, 211; orés, 283; volés, 391; sourvenus, 449; serés, 631; grans, 1224; cis, 1459.
   (Gossens: # 40)

6. *G* + *a, e, i,* > *g, gh, gu*.

   ex. enghien, 15; gardin, 396; ganne, 537; gansne, 541; gargate, 633; longhement, 1281.
   (mais: jambe, 1424).
   (Pope: # 1320, N. i.; Gossens: # 42)

7. [ž] > *ch*.

   ex. cachiés, 1016; encarchiés, 1659.
   (Pope: # 1320, N. i.)

8. *W* germanique conservé.

   ex. Warie (?), 486; Willaumes, 1500; waufres, 1826; Winape (?), 1978.
   (mais: Guillaumes, 533).
   (Pope: # 1320; N. iii.; Gossens: # 51)

9. [ɥi] écrit W.

   ex. Witasse, (incipit); Wistasce, 39; Wistasces, 1802.
   (mais: Uistasces, 295; Uistasses, 976).
   (Gossens: # 51)

10. *ueẹ* conservé.

    ex. pueënt, 1491, 2290.

11. *ieu* > *iu*.

    ex. liues, 4; vils, 129; Diu, 333; Biu, 629; faidiu, 1560.
    (mais: Bieu, 475; piex, 1345).
    (Pope: # 1320, N. v.; Gossens: # 9, 21, 25)

12. *ueu > u.*

> ex. fu, 1033.
> (Pope: # 1320, N. vi.; Gossens: # 25)

13. ǫ + *l* + consonne > *au.*

> ex. tu caupes, 696; taut (< tollit), 891.
> (mais: colpe, 698)
> (Pope: # 1320, N. viii.: Gossens: # 23)

14. AQUA(M) > *iaue.*

> ex. iaue, 252.
> (Pope: # 330; Gossens: # 43)

15. [e̥] tombe devant une voyelle.

> ex. aperchut, 216; dechut, 217; juner, 224; desjuner, 225.
> (mais: decheüs, 851)
> (Pope: # 1320, N. x.; Gossens: # 38)

16. Consonance de [i] avec [e.]

> ex. soiiés, 103; oiiés, 300; cunchiier, 690; liié, 1427; liiés, 1447; priiés, 1448; martyriier, 1679; vauriiés, 1756; cunchiierent, 1870; barbiier, 1971; crucefiier, 1976; cunchiié, 2013; cunchiiés, 2096.
> (Pope: # 1320, N. xi.)

17. Absence de consonnes transitoires.

> ex. tenrai, 1155; menrés, 1243; vauroit, 1489; tolra, 1675; venrai, 1679; menroit, 1724; volront, 1729; faura, 1889; vaurai, 1900.
> (Pope: # 1320, N. xiii.; Gossens: # 61, 74)

18. Conservation de *t* final après les voyelles toniques.

> ex. contet, 947; connut, 1109.
> (Pope: # 1320, N. xv.; Gossens: # 46)

19. [e̥] devant [χ] et [j] entravés > [ɛ] ou [a].

> ex. chiaus, 87; cavials, 131; biaus, 349; biel, 354; iax, 359; ials, 547; demoisiaus, 675; makeriaus, 1781; batiaus, 2122; estrumiaus, 2202.
> (Pope: # 1320, N. xvii.; Gossens: # 12)

20. *ei* initial atone > [i] devant *n* mouillé.

   ex. signors, 210.
   (Pope: # 1320, N. xviii.; Gossens: # 34)

21. *ei* protonique > [i] devant *s* et *z* mouillé.

   ex. orison, 607.
   (Pope: # 1320, N. xviii.; Gossens: # 33)

22. Conservation de [buẽn] < BONU(M)?

   ex. quens: buens, 1161/2; boinnes, 1827; boinne, 1898.
   (Voir aussi: quens: siens (= suens?), 1660/1)
   (Pope: # 599, # 1320, N. xx.; Gossens: # 28a)

23. INDE > ent.

   ex. ent, 269.
   (Pope: # 610, # 1320, N. xx.)

24. IN + consonne labiale > *em*.

   ex. em pais, 150.

25. Métathèse de *er* et de *re*.

   ex. hebregier, 498; enconterrés, 1132; advresier, 1573; mosterroie, 1981; estrelin, 2186; frema, 2221.
   (Pope: # 1320, N. xxii.; Gossens: # 57)

26. PAUCU(M) > *poi*.

   ex. poi, 1226, 1681, 1709, 2048.
   (Pope: # 1325, S. C. ix.; Gossens: # 2)

27. *e* fermé > *ie*.

   ex. priés, 4; apriés, 93; adiés, 115; cerviel, 203; chiés, 271; apiela, 355; ensieler, 554; isniel, 559; foriest, 640; confiesser, 712; sieptime, 836; castiel, 914; nouviel, 1187; mesiel, 1400; li fier, 1508; Engletiere, 1882; tierre, 2137; bierser, 2276.
   (mais: terre, 13; et passim)
   (Pope: # 225, # 1321, N. E. iii.; Gossens: # 11)

28. *ein* après une consonne labiale > *ain*.

   ex. painne, 1253.
   (Gossens: # 19)

29. *ai, ei, oi* protonique > *i*.

   ex. orgillouse, 46; apparillier, 234; connissoit, 584; pisson, 1080; pissonniers, 1080; millour, 1219; s'apparilla, 1790.
   (Gossens: # 33)

30. BOSCU(M) > *bos*.

   ex. bos, 1085, 1303, 1308; bos: pos, 1124/5.
   (Gossens: # 24)

31. Terminaisons de l'infinitif: VIDERE, CADERE, SEDERE, et cetera.

   ex. peïr, 32; keïr (< keüs, 709, 2017); seïr: veïr, 1576/7; caïr (< caïrent, 2004; caüs, 2072).
   (Gossens: # 17)

Morphologie

32. Conservation des flexions casuelles.

   mais voir: 210/1; 226/7; 264/5; 419/20; 492/3; 500/1; 622/3)

33. EGO > *jou*.

   ex. jou, 241, 446, 730.
   (Pope: # 830, # 1320, N. xxiii.; Gossens: # 64)
   EGO > *je*.
   ex. je, 2.
   (Pope: # 831; Gossens: # 64)
   EGO > gé, gié.
   ex. gé, 1220, 1753, 2184.
   (Pope: # 829, # 848; Gossens: # 64)

34. Article défini féminin, cas-régime > *le*.

   ex. le hart, 691; le dime, 977; le forest, 1547; le gargate, 1634.
   (Pope: # 1320, N. xii.; Gossens: # 63)

INTRODUCTION 33

35. Article défini masculin, cas-régime > *lo*.

   ex. lo sautier, 20.
   (Pope: # 1322, E. xxv.)

36. Adjectif possessif.

   Masculin singulier: me sires, 1908.
   Féminin singulier: s'espie (?), 1308; se siele, 2041.
   (Pope: # 1320, N. xii.; Gossens: # 66-67)

37. Formation d'un nouveau système d'adjectifs possessifs d'après les pluriels *nos, vos* > *no, vo*.

   ex. vo parlement, 483; no sommier, 659; no besoigne, 1222; de vo part, 1277; vo cuignie, 1595; vo patenostre, 1629; vo conseil, 1667; vo court, 1812; vo cape, 1985.
   (Pope: # 1320, N. xxv.; Gossens: # 68)

38. Pronoms démonstratifs.

   (a) cil [tsi(x)s], cist [tsists] > [sis].
       ex. cis, 1459, 1878, 1999.
   (Pope: # 1320, N. xxvi.; Gossens: # 70)

   (b) ECCE HOC > chou.
       ex. chou, 88, 827, et passim.
   (Pope: # 849, # 1320, N. i.; Gossens: # 70)

39. Présent indicatif, 1, prend la terminaison [tʃ] écrit *c*.

   ex. cuic, 186; desfenc, 332; porc, 943; commanc, 949; retienc, 959; vinc, 990; prenc, 1135.
   (mais: tieng, 1596; crieng, 2029)
   (Pope: # 1320, N. xxviii.; Gossens: # 75)

40. Présent subjonctif prend la terminaison [tʃe] écrit *che*.

   ex. fache, 125, 613; nache: fache, 1436/7.
   (Pope: # 1320, N. xxix.; Gossens: # 80)

41. Réduction du groupe -*vr*-.

   ex. (a) averiés, 1705.
           (mais: avra, 206; avras, 170; avra, 1707)
       (b) aroie, 670; arés, 677; arés, 1203; saroit, 1721.
   (Pope: # 1320, N. xiii.; Gossens: # 74)

42. La terminaison verbale, 5.

    (a) *-ez, -iez* > *-és, -iés*.
    ex. soiiés, 103; volés, 391; serés, 631; poriés, 705; vauriiés, 1756; trouveriés, 2189; fussiés, 2203.

    (b) *-ez, -iez* > *-ois*.
    ex. vous en venrois, 387.
    (Pope: # 896, # 1322, E. xxvi.)

43. L'impératif, 5: *-ez, -iez* > *-é, -ié*.

    ex. tené me, 325; prenné le, 530; laissié me, 845; envoié le, 1710.

Syntax

44. Le pronom personnel postponé après un impératif affirmatif prend la forme faible.

    ex. tené me, 325; laissié me, 845.
    (Gossens: # 81)

Rimes

(a) Les rimes suivantes sont à noter:

    101/2 barbés: més (< mansu); 262/3 reskignie: fuie; 328/9 entendés: tués; 476/7 pardonnés: privés; 504/5 nés: més (< mansu); 652/3 trenchie: mie; 832/3 m'i: lui; 1044/5 gent: seant; 1190/1 dame: fame; 1424/5 nace: escache; 2286/7 assalent: travaillent.

(b) Vu la date tardive de notre roman, il est douteux que la version originale en fût un poème assonancé, mais il paraît que les rimes suivantes sont *prima facie* des assonances:

    1002/3 fosse: aproche; 1194/5 kenoulle: moigne; 1852/3 tartes: connestables; 1863/4 tartes: enpaste; 1644/5 espourone: torne; 2106/7 ostés: armer; 2190/1 chançons: nos; 2257/8 Bouloigne: personne; 2272/3 passent: assaillent; 2274/5 arbalestres: esneques; 2282/3 teste: verse; 2293/4 pos: bors.

Ces traits constituent pour la plupart des picardismes, avec quelques influences de l'ouest et du nord-est. La langue est en effet compatible avec le parler qu'on s'attendrait à trouver au cours du treizième siècle dans les environs d'un centre littéraire et d'un port de mer tout comme Boulogne; c'est-à dire que nous avons affaire à une langue littéraire parsemée de traits picards. [70]

V. ETABLISSEMENT DU TEXTE

Le texte de notre roman a été reproduit par Francisque Michel (1834) dans une version de 2305 vers numérotée par erreur jusqu'à 2306, et par Wendelin Foerster (1891) dans une version de 2305 vers; Michel aurait recopié le manuscrit mais nous croyons que Foerster apporta des corrections sur une copie faite par quelqu'un d'autre.

Nous avons abordé à nouveau le problème. Notre texte, dans une version de 2307 vers, est une transcription du manuscrit original, et nous nous en sommes tenus à le reproduire avec la plus grande précision; nous nous sommes efforcés de toujours conserver la leçon du manuscrit lorsqu'elle est acceptable pour le sens. Nous avons scrupuleusement essayé de ne pas amender de notre propre chef, et, ce faisant, nous avons respecté la graphie du manuscrit. En cas d'erreur patente, les rectifications sont signalées par des crochets.

L'appareil critique comporte des notes, une étude de la langue, les variantes apportées au manuscrit par Michel et par Foerster que nous n'avons pas voulu admettre, et qui sont signalées par les sigles M et F, la table des noms propres, et enfin un glossaire. Nous avons respecté les divisions du manuscrit, les numérotant consécutivement; de plus, nous avons numéroté les vers et marqué le foliotage du manuscrit. Nous avons résolu les abréviations, introduit une ponctuation moderne, et rendu les 'i' et 'u' consonnes par les graphies 'j' et 'v'; nous avons maintenu pourtant les chiffres romains partout où ils se trouvaient dans le texte.

Pour la compréhension du texte nous avons ajouté l'accent aigu et le tréma; l'accent aigu ne se trouve que sur l'[e] où le

---

[70] Une étude détaillée de la langue du manuscrit B. N., f. fr. 1553 est à trouver dans l'édition du *Brendans Meerfahrt* que C. Wahlund a fait publier à Upsala en 1900. On peut consulter aussi D. L. Buffum, *Le Roman de la Violette*, Paris (S. A. T. F.), 1928, pp. xxviii-xxxii.

lecteur peut bien se laisser aller à croire que c'est la voyelle correspondante atone; l'emploi du tréma est restreint aux voyelles en hiatus à l'époque à laquelle remonte notre texte, afin d'indiquer la diérèse là où elle n'est pas évidente. En général nous avons suivi les règles pratiques établies par Mario Roques et ses collaborateurs dans le rapport de la deuxième commission de la Société des Anciens Textes Français. [71]

---

[71] M. Roques, *Etablissement de règles pratiques pour l'édition des anciens textes français et provençaux*, (Romania, t. III, 1926, pp. 243-249) et aussi (*Bibliothèque de l'Ecole des chartes*, t. LXXXVII, 1926, p. 453).

LA MANCHE, 1190-1220

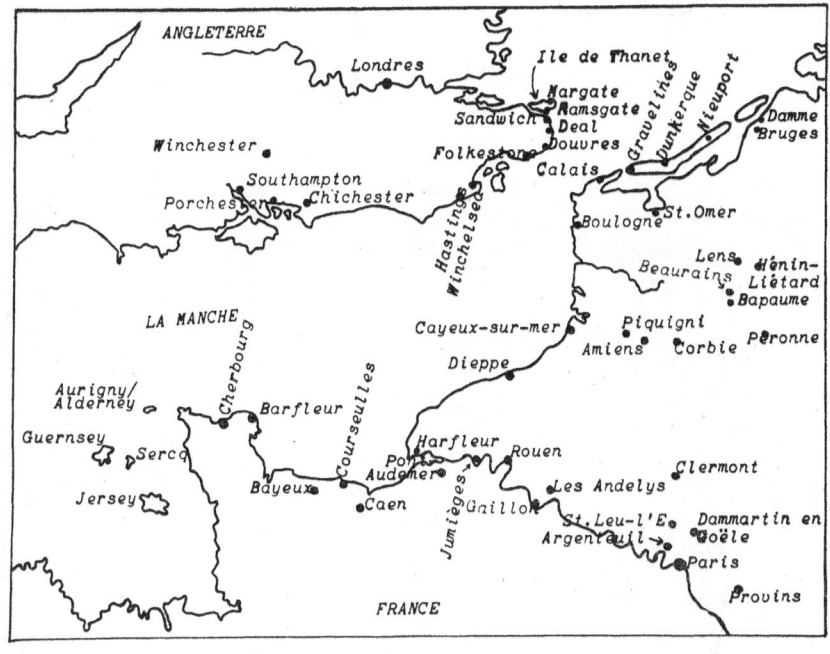

LE BOULONNAIS, *1190-1220*

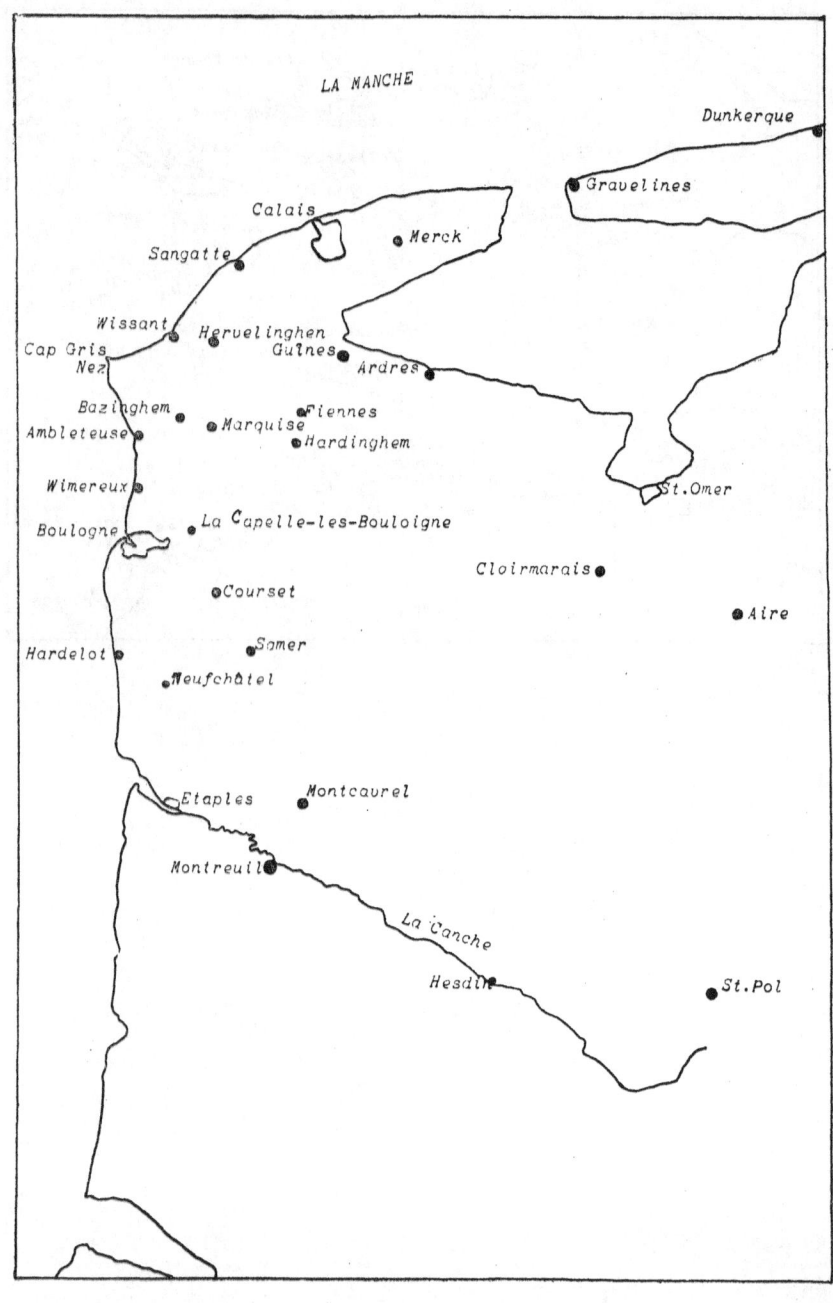

B. N., f. fr., 1553, f. 325 vo.

CCCXXIIII

Vne nuit vint a mont ferrant
Illuec fist dyable grant
Itemant ains nul se mais tist
Grant mangier atorner fist
En une riche taverniere
Qui mlt ert orgillouse & fiere
He fu en unes mourisons
Or ivis compaignons
De roulete od lui venoient
Moult par la maison estoient
XX. roumans en i avoit
Qui mangue et boit
Il & la tauerniere ensamble
Quant ont mangie che me samble
& che vint a l'escot paier
N'avoit nul denier
De la monoie tous pris
Fors que tornois et parefis
A dame mout les mesconta
Le monoie refu sa
Per .ij. sois come despent
Merent il vol si ou plus
Au mort sor de sile
Nant il dut pres de la vile
La tavreniere enfanmenta
Sour le fuel .j. grant jera
Il avoit souvre fourment
La tauerniere erra ment
Est deskouverte du sal chans
Ou premier rouniel ait a tait
Toutes les ostees
Vant marchie fait de les devees.
Le feforse o cha baron
Et vins mort par la maison
Omes & femes scouvisent
Quant le fuel passe avoient
I home lor braies avaloient
Les femes se retournvoient
Quel chant ou dufsait ilbut
Me noistes si viel bestil
Om en la maison demenoient
Les roumans les broches otoient
I vins sentant pmi les vues
Entres les gens s'font courues

Uns nus n'osoit laiens entrer
Ne seust son cul monstrer
A chascun de chaus qui entroit
Pour chou nus entrer ni osoit
I syechuirent en la fin
Chorent fair li pelerin
I laiens avoient mangie
Li borgois sont esluste
Apues N. vint poignant
A trois liues de mont ferrant
Ont les pelerins ataignant
Li borgois les vint ostant
Sans pelerins par cha sautres
F-N. fest regartes
S'a dire a ses compaignons
On no sur chi si le ferons
Par mo chief dist vons vier barbes
A routete ot .xx. ans mes
O y soies trestrour ascu
Je los feru la tel pour
N'ia clere ne borgois ne estre
Qui pour S. i vosist estre
Les viels fait son guivement
& Vne riviere descent
Grans & lee gsoste & noire
Mudee & neir saine a tesoire
E ntre les clers & les borgois
Li borgois suivent en estois
I s'enretournes que arere
Ou dis les suour es vessiere
A vies les vatour as ratons
I moveat arectiones
E av de noser parou avoient
Li pelerin les savoient
A mont ferrant sen retornerent
Li pelerin apries enterent
Qu N. suire en la vile
Vient recomencha sa sise
L s'bourgois oistesen pemigue
N.a. viel bome augne
Ji sache son couenient
Pour esponter cele gn.
A baucloque pust corter
C ens omenchent a asambler

Ms. B. N., f. fr., 1553 (anc. 7595)

f. 325vo. a. Chi commenc li romans de Witasse le Moine

b. Del Moigne briément vous dirai
Les examples si com je sai.
Il se rendi a Saint Saumer
A .VIII. liues priés de la mer;
5   Illuecques noirs moignes devint.
Puis ke de Toulete revint
Ou il ot apris nigremanche,
N'ot homme el roiaume de Franche
Ki tant seüst ars ne caraudes;
10 A maintes gens first maintes caudes.
Il avoit a Toulete esté
Tout .I. ivier et .I. esté
Aval sous terre en .I. abisme
Ou parloit au malfé meïsme
15 Qui li aprist l'enghien et l'art
Qui tout le mont dechoit et art.
Il aprist mil conjuremens,
Mil *caraus,* mil espiremens;
Il set en l'espée garder
20 Et lo sautier faire torner,
Et par l'espaule a u[n] mouton
Faisoit pertes rendre a fuison;
Si savoit garder el bachin
Pour rendre perte et larrechin;

---

18. Ms.: caraudes.   21. Ms.: au.

25 Femmes faisoit encamuder
    Et les hommes enfant[o]sner.
    Il n'ot homme jusqu'a Saint Jake
    Qui tant seüst de dyodake
    Del firmament ne de l'espere;
30 Il contrefaisoit le cimere,
    La beste c'on ne puet connoistre;
    Les moignes fait peïr el cloistre.
    Quant Wistase ot assés apris
    Au dyable congié a pris.
35 Li dyables dist k'il vivroit
    Tant que mal fait assés aroit;
    Rois et contes guerriëroit
    Et en la mer occis seroit.
    Wistasce s'en revint en Franche
40 Qui puis fist mainte pute enfanche.
    Une nuit vint a Mont Ferrant,
    Illuec fist dyablie grant.
    El demain ains k'il s'em partist
    .I. grant mangier atorner fist
45 Ciés une riche tavreniere
    Qui molt ert orgillouse et fiere;
    Che fu en unes moustisons.
    Wistasces ot trois compaignons
    Ki de Toulete od lui venoient.
50 Li moust par la maison estoient,
    .XXX. touniaus en i avoit.
    Wistasces i mangue et boit,
    Il et la tavreniere ensamble,
    Et quant ont mangié, che me sanble,
55 Et che vint a l'escot paiier,
    Wistasces n'avoit nul denier
    De la monnoie dou païs
    Fors que tornois et paresis.
    La dame molt lor mesconta
60 Et lor monnoie refusa;

f. 326ro. a.

---

26. Ms.: enfant suer.

       Por .III. sols c'orent despendus
       Paierent il .VI. sols ou plus.
       Wistasces qui molt sot de gile,
       Quant il dut partir de la vile
    65 La tavreniere enfanmenta
       Et sour le suel .I. grain jeta
       K'il avoit conjuré forment;
       Et la tavreniere erramment
       S'est descouverte dusc'al chaint.
    70 Dou premier touniel qu'ele ataint
       A toutes les broces ostees;
       Grant marchié fait de ses denrees!
       Ele s'escrie: "Or cha, Baron!"
       Li vins aloit par la maison;
    75 Hommes et femmes acouroient,
       Et quant le suel passé avoient
       Li *hom* lor braies avaloient,
       Et les femmes se descouvroient
       Dusch'al chaint ou dusqu'al unbril.
    80 Ainc n'oïstes si viel bestil
       Com en la maison demenoient!
       Des touniaus les broches ostoient;
       Li vins s'en vait par mi les rues.
       Toutes les gens i sont courues,
b. 85 Mais nus n'osoit laiens entrer
       Ki ne seüst son cul moustrer
       A chascun de chiaus qui entroit;
       Pour chou nus entrer n'i osoit.
       Il s'aparchurent en la fin
    90 Que ch'orent fait li pelerin
       Ki laiens avoient mangié;
       Et li borgois sont eslaissié,
       Apriés Wistasce vont poignant.
       A trois liues de Mont Ferrant
    95 Vont les pelerins ataignant;
       Li borgois lor vont escriant:
       "Dans pelerins, par cha saurrés."

---

77. Ms.: li homme. Cf. v. 155.

Et Wistasces s'est regardés,
Si a dit a ses compaignons:
100 "On nous siut chi. Quel le ferons?
—Par mon chief, dist uns viex barbés
Qu'a Toulete ot .XX. ans més,
Or soiiés trestout aseür.
Je lor ferai ja tel peür
105 N'i a clerc ne bourgois ne prestre
Qui pour .V. mars i volsist estre."
Li viels fait son conjurement,
Et une riviere descent,
Grans et leë, parfonde et noire,
110 Graindre que n'est Saine ne Loirre,
Entre les clers et les borgois.
Li borgois furent en esfrois;
Il s'en retournerent arriere;
Tous dis les sivoit la riviere,
115 Adiés lor batoit as talons.
Il aloient a reculons,
Car de noier paour avoient,
Et li pelerin les sivoient;
A Mont Ferrant s'en retornerent,
120 Li pelerin apriés entrerent.
Quant Wistasces entre en la vile
Adont recommencha sa gile.
Li bourgois escrient kemugne,
Et Wistasce au viel homme clugne
125 K'il fache son conjurement
Pour espoënter cele gent.
La bancloque prist a sonner,
Gens commenchent a assambler,
Et li vils barbés erramment
130 Commencha son conjurement.
Tuit s'aërdent par les cavials
Uns grans bestens leva entr'iaus.
Ainc ne veïstes tel meslee
Sans cop de machue ou d'espee.
135 Si com chascuns i sourvenoit,
Au premerain k'il encontroit

       Donnoit del puign ou hateriel;
       La ot donné maint hatipliel.
       Bien s'entretenoient .II. mile
140 A Mont Ferrant par mi la vile;
       Li uns boute, li autres sache,
       Cil chiet aussi comme une vache,
       Cil fait voler son compaignon,
       Cil s'escrie: "Dame! Baron!"
145 Nus ne venoit a la meslee
       Ki n'i eüst cop ou colee.
       Wistasce entr'iaus .I. grain jeta,
       Tout maintenant les desevra;
       Si s'en ralerent maintenant,
150 Em pais furent comme devant.
       Del vin n'i ot noient perdu,
       Tout fu aussi com devant fu;
       Toutes les femmes se covrirent
       Ki par devant se descouvrirent,
155 Et li hom lor braies monterent
       Ki par devant les avalerent.
       Chascuns a son ostel s'en va,
       Et Wistasces s'achemina;
       Onques puis nus ne le sivi.
160 .I. Careton a consivi
       Qui une carete menoit
       A .IIII. chevals qu'il avoit;
       A .VI. liues en son chemin
       Aloit pour .I. touniel de vin.
165 Wistasces et si compaignon
       Demanderent au careton
       Por combien il les porteroit
       Dusch'a la vile ou il aloit.
       Il respont: "Pour .XII. deniers.
170 —Et tu les avras volentiers."
       Lor marchié orent fait atant;
       Il montent, si s'en vont batant.
b.   Li caretons fiert les chevals
       Et il saloient les grans sals

175 Par mi une cauchie a forche;
A Wistasce le cul escorche,
Car la carete ruisteloit;
Male aleüre les menoit.
Dist Wistasces au caretier:
180 "Dex te doinst hui mal encombrier!
Trop nous mainnes male aleüre,
Dex te doinst male aventure!
—Bials sire, dist li caretons,
De demourer mestier n'avons;
185 Il m'estuet faire ma jornee,
Je cuic que none est ja passee."
Wistasce voit riens ne li valt:
"Va bielement, fait il, ribaut,
Que le mal soies tu haitiés
190 Que tous nos cus as escorchiés!"
Cil fiert ses chevals durement,
Et li viex barbés erramment
Commencha .I. conjurement,
Que que cil plus avant aloit
195 Plus li sambloit k'il reculoit.
Li viex commenche a conjurer,
Et cil commenche a reculer;
Ses chevals commenche a ferir,
Et il reculoient d'aïr.
200 Diu commencha a renoier
Et ses chevaus a manechier:
"Hari, Martin! Hari, Fauviel!
Por les boiaus! pour le cerviel!
Huet! avant vois, por les dens!
205 Pour poi que tous ne vous cravens!
Hari, vieus jumens estaïe!
Jamais de vous n'avra aïe!"
Cil se commenche a foursener,
Car tos dis cuidoit reculer.
210 "Signors, dist il, car descendés.
Que le mal soiés vous montés!
Je vous claim mon loier tot cuite."

Quant chascuns voit que il s'acuite
Et que il ont paié lor dete,
215 Il saillent fors de sa carete,
Et li caretons s'aperchut,
Ki bien cuida estre dechut,
K'il n'estoit mie reculés,
Ains ert tous jors avant alés.

II.

220 Wistasce en Boulenois s'en vint;
A Saint Saumer moignes devint.
Illuec fist mainte dyablie
Ains k'il issist de s'abbeïe.
Il faisoit les moignes juner
225 Quant se devoient desjuner;
Il les faisoit aler nus piés
Quant devoient estre cauchiés.
Wistasce lor faisoit mesdire
Quant devoient lor eures dire;
230 Wistasce lor faisoit mesprendre
Quant devoient lor grasces rendre.

III.

En sa cambre ert .I. jor l'abbé.
Il ert sainiés si ot erré;
On li ot fait apparillier
235 Assés a boire et a mangier:
Car de porc et car de mouton,
Aues sauvages, venison.
Wistasce vint devant l'abbé,
Qui maint preudomme a puis gabé.
240 "Sire, dist il, je sui venus.
Ere jou a cort retenus?
Se cuidoie avoir a mangier,
Je diroie de mon mestier."
Dist li abbés: "Vous estes fols.
245 Mal dehait hore li miens cols,
Se vous n'estes demain batus
Se en capitle estes tenus!"

Dist Wistasces: "Manechié vivent;
Entre iaus molt longhement estrivent."
250 Wistasce ala en la cuisine,
Devant lui esgarde une tine
Ki toute plaine d'iaue estoit.
Wistasce esgardes, si le voit;
Il le commenche a conjurer,
255 Et l'iaue commenche a mirer;
Vermeille devint comme sanc.
Wistasces s'assist sour .I. banc,
La moitié d'un porc esgarda;
Oiant trestous, le conjura
260 Puis a destre, puis a senestre;
b.   Une vielle sambla a estre,
Laide et bochue et reskignie.
Li cuisinier tornent en fuie,
Si le conterent a l'abbé,
265 Et li abbés i est alé
Et voit la vielle esraelie.
Oiant tout le couvent s'escrie:
"Nomini Dame, dist l'abbé,
Fuions nous ent! C'est .I. malfé!"
270 Wistasce desfiest le carnin,
La char porta chiés son voisin,
.I. tavrenier ki molt l'amoit.
Toute nuit i mangue et boit,
Trestout juoit au tremerel;
275 El saint ne remanoit batel;
Les crucefis et les ymages,
Trestout metoit Wistasce en gages.
N'i remanoit nis bote a mogne;
Tout embloit Wistasce le Mogne.

IV.
280 A l'entendre ne vous anuit.
Je vous dirai encor anuit
Tel chose qui vous fera rire;
Ja le m'orés conter et dire.
Li .I. content, che m'est avis,

285 Et de Basyn et de Maugis;
    Basins cunchia mainte vile,
    Et Maugis a fait mainte gile,
    Car Amugis par ingremanche
    Embla la couronne de Franche,
290 Joiouse et Corte et Hauteclere
    Et Durendal qui molt fu clere;
    Basin si embla Amaugin,
    Et Amaugis embla Basin.
    De Maugis ichi vous lairai,
295 D'Uistasce le Moigne dirai
    Qui molt sot plus que Amaugis
    Ne que Basins, che m'est avis;
    Travers ne Baras ne Haimés
    Ne sorent onques tant d'abés.
300 Or oiiés d'Uistasce le Moigne
    Ki vers le conte de Bouloigne
    Mena guerre molt longement,
    De coi fu li commenchement.

V.
    Uistasce dont parler m'oés
f. 327vo. a. 305 A Cors en Boulenois fu nés.
    Bauduïns Bulkés ot a non
    Ses pere, pour voir le savon,
    Si estoit pers de Boulenois;
    Molt savoit de plais et de loys.
310 Occis fu les Basinguehans;
    Hainfrois de Heresinguehans
    La le fist occirre et tuer
    K'il le voloit deshyreter.
    Bauduïns Busqués li nuisoit
315 D'un fief dont il a cort plaidoit,
    Et une buffe li donna
    Dont la mesleë commencha.
    Wistasces devenus ert moigne
    A Saint Saumer devers Bouloigne.
320 Wistasce issi de l'abbeÿe
    Quant son pere ot perdu la vie;

Vint devant li quens de Bouloigne:
"Sire, dist Wistasce li Moigne,
Hainfrois a mon pere mordri.
325 Tené me a droit, je vous em pri."
Dont fu Hainfrois a cort mandés;
Wistasces est em piés levés:
"Signor, dist il, or m'entendés.
Mes peres est mors et tués.
330 Hainfrois le m'a mort et occis;
Il est mes mortels anemis!
—Je m'en deffenc, che dist Hainfroi,
Par Diu et par homme et par moi
C'ainc n'i fui veüs ne oïs;
335 Mais je m'en plain a mes amis."
Tantost furent donné li gage,
Pleges livrerent et ostage.
Dont jura Hainfrois son eage,
Lui .XXXime. de son parage;
340 .LX. ans jura qu'il avoit
Et plus encor, si com cuidoit.
Dont li fu jugié maintenant
Que son parent ou son serghant
Se puet bien combatre por lui;
345 Mais n'i ot parent ne ami
Qui la bataille osast emprendre
Por lui ne por son cors desfendre.
Endités li fu uns vassaus,
b.   Grans et hardis et fors et biaus;
350 Wistasce ot non de Maraquise.
Adont fu la bataille prise.
Manesiers se lieve, uns varlés,
Neveus fu Bauduïn Busquet,
Grant baceler et biel et fort;
355 Hainfroi apiela de la mort
Son oncle, k'il occis avoit,
Et dist que il li prouveroit.
Adont fu la bataille emprise
(Cascuns d'iax molt forment se prise)
360 D'Uistasce contre Manesier;

Andui furent et fort et fier;
La bataille fu a Estagles,
Des .II. vassaus fu grans li caples.
Adont vint Wistasces li Moigne
365 Devant le conte de Bouloigne:
"Sire, dist il, sachiés sans faille
Que je m'ost de ceste bataille,
Que ja acorde n'en prendrai.
La mort mon pere vengerai."

VI.

370 Li Moignes s'est del champ partis;
Manesiers fu tantost occis.
Li Moignes servi puis le conte,
De trestout li rendoit aconte;
Senescaus fu de Boulenois,
375 Pers et baillius, che fu ses drois.
Hainfroi l'empira vers le conte,
Durement li desfist son conte.
Li quens a Wistasce mandé
Tantost, se li a demandé
380 Des baillies k'il a tenues
Pour coi il les a detenues.
Wistasces dist sans demourer:
"Ves me chi tout prest de conter
Puis que chi m'en avés semons
385 Devant vos pers et vos barons;
Uns des pers sui de Boulenois."
Et dist li quens: "Vous en venrois
A Hardelo a moi conter;
La ne me porés mesconter."
390 Dist Wistasces: "C'est trahison!
Vous me volés metre em prison."
Li Moignes s'est d'illuec partis,
f. 328ro. a. Par mal est del conte partis;
Maintes fois le fist puis dolent.
395 Li quens saisi son tenement
Et son gardin li embrasa;
Et Wistasces li Moignes jura

Que mar li a son gardin ars;
Il coustera .XM. mars.
400 Un jour vint Wistasces le Moigne
A .II. molins defors Bouloigne
Que li quens i avoit fait faire;
Sa gent a fait arriere traire.
En .I. molin treuve .I. mannier;
405 Il le commenche a manechier
Que il li caupera la teste
Se il ne va tost a la feste
As noches Symon de Boloigne:
"Diras lor q'Uistasces le Moigne
410 Est venus pour iaus esclairier,
Car il n'ont dont vëoir mangier.
Tels .II. candoiles lor ferai
Que les molins alumerai."
Et li mauniers s'en vait au conte,
415 D'Uistasce le Moigne li conte.
Li quens saut sus sans atargier
De la ou seoit au mangier,
Et fait crier par grant essogne:
"Or apriés Wistasce le Moigne!"
420 Saut li maires, saut le provost,
La bancloque sonna tantost.
Quant Wistasces l'oï sonner
Adont commenche a retorner;
Il le commenchent a sievir,
425 Mais ne le porent consievir.
As noches Simon de Boloigne
Aluma Wistasces Le Moigne
Ces .II. molins que vous oés.
Che fu la fine verités!

VII.
430 Un jour estoit a Clermarés
Wistasces qui molt sot d'abés;
Illuec oï dire et conter
Que li quens va a Saint Omer.
Il se vest de coteles blanches,

	435	Vest une goune a leës manches;
		.II. moignes emprunte a l'abbé,
b.		Tout troi sont maintenant monté.
		Wistasces prist a chevalchier,
		Si estrier furent de meslier,
	440	Le conte encontre entre .II. vals;
		Mener faisoit .III. fiers chevals.
		Li quens Wistasce a salué,
		Et Wistasces l'a encliné.
		Li quens vint a .I. sien manage;
	445	A Wistasce vint en corage
		K'il iroit au conte parler,
		Tantost commenche a retorner.
		Si com li quens fu descendus
		Wistasces i est sourvenus.
	450	Dont s'assist Wistasces le Moigne
		Dalés le conte de Bouloigne;
		Comme fu ore fols naïs
		Quant dalés lui se fu assis,
		Que bien savoit s'il ert tenus
	455	Que il seroit ars ou pendus.
		"Sire, dist il, por Diu merchi,
		D'Uistasce le Moigne vous pri
		Que vous li pardonnés vostre ire."
		Et dist li quens: "Volés plus dire,
	460	Se je Wistasce puis baillier,
		Je le ferai vif escorchier.
		Wistasces comme pelerins
		Me vint ardoir mes .II. molins;
		Il me commenche a guerroier.
	465	Des or mais le ferai gaitier:
		Se jou as puins le puis tenir,
		De vil mort le ferai morir,
		Ou je le ferai marier,
		Ou pendre ou ardoir ou noier."
	470	Dist Wistasces: "Par ma cotiele!
		La pais i seroit bonne et biele,
		Car Wistasces devenus est moigne,
		Et vous estes quens de Boloigne,

Si en devés avoir merchi.
475 Pour Bieu, Sire, je vous em pri
Que vostre ire li pardonnés,
Et il sera vostre privés.
Sire, car en prendés acorde:
De pecheour misericorde!"
480 Et dist li quens: "Or vous taisiés!
N'onques plus ne m'en araisniés.
Fuiés de chi! Alés vous ent!
N'ai cure de vo parlement.
Je ne me puis fier ou moigne
485 Pour amour d'Uistasce le Moigne.
(Par les boiaus Sainte Warie!
Je cuic que cis moignes m'espie;
El monde n'a si mal tyrant,
J'ai grant paour k'il ne m'encant.)
490 Dans moignes, comment avés non?
—On m'apiele frere Symon;
De Clermarés sui celenier.
Wistasces vint en maison ier,
Lui .XXXisme. tout fier armé;
495 Illuec pria a Dant abbé
Que il quesist vers vous acorde."
Dist li quens: "Pas ne s'i amorde
Vostre abbés a lui hebregier,
Car je l'iroie detrenchier.
500 Il ne seroit pas mon ami,
S'il hebregoit mon anemi;
Tost li feroie rouegnier
La teste a tout le hennepier.
Dans moignes, u fustes vous nés?
505 —Sire, a Lens ou j'ai .XX. ans més.
—Par foi! dist li quens de Bouloigne,
Vous samblés Wistasce Le Moigne
De la samblanche, de la figure,
De cors, de vis et d'estature,
510 D[es] ex, de la bouche et del nes,

---

510. Ms.: D'ex.

> Se vous ne fuissiés couronnés;
> Mais vous avés leë couronne,
> Rouges sollers et blanche gonne
> Et descoulouré le visage.
> 515 Tous .III. vous retenisse en gage,
> Se ne fust pour Dieu purement;
> Tornés de chi! Alés vous ent!"
> Li doi moigne orent [grant] peür,
> Wistasces ne fu mie asegur;
> 520 Si avoit il de ses parens
> Avoec le conte et de ses gens.
> Li quens a fait jurer .III. fois
> A tous ses pers de Boulenois
> Que Wistasce li renderont,
> b. 525 Ja pour parenté nel lairont.
> Uns serghans vint devant le conte,
> D'Uistasce Le Moigne li conte:
> "Sire, dist il, c'atendés vous?
> Wistasces siet d'encoste vous.
> 530 Prenné le, si ferés savoir;
> C'est il, je le vous di por voir.
> —Oisde, Fil a putain, Bedel,
> Dist Guillaumes de Montquarrel,
> C'est Dans Simon li cenelier;
> 535 Je le connois comme .I. denier.
> —C'est mon, che dist Huës de Gaune,
> Wistasces n'est mie si ganne.
> —Non, che dist Huës de Belin,
> Nés fu a Lens priés de Hennin.
> 540 —Par foi, dist Aufrans de Caieu,
> Wistasces n'est gansnes ne bleu.
> —Nan, dist Wales de la Capiele,
> Ains est rouveus en la maissiele."
> Li doi moigne de paour tramblent.
> 545 Dist Wistasces: "Gens s'entresamblent."
> Il disoient lor meseriele;
> Li cuers a cascun d'ials sautiele.

---

532. Ms.: Ois de.

Wistasce au conte a congié pris;
Tout troi se sont al chemin mis.
550 Wistasces s'en vint en l'estable,
Qui molt sot de l'art au dyable;
.I. cheval le conte, Moriel,
Qui molt ert riches et molt biel,
Fist ensieler a .I. serghant,
555 Lors monte, si s'en va batant.
Au serghant dist au departir
K'il l'alast au conte jehir
Que Wistasce enmainne Moriel,
Et li serghans s'escrie isniel:
560 "Hareu! Hareu! Sainte Marie!"
Li quens saut et l'autre maisnie.
"C'as tu?" dient li chevalier.
—.I. dyable moigne adversier
Vait de chi montés sor Moriel.
565 —Vois, dist li quens, por le cerviel!
Por les boiaus! por la froissure!
Or tost apriés grant aleüre!
Puis k'il est sor Moriel montés,

f. 329ro. a. Jamais n'iert pris ne atrapés,
570 Car Morials cort comme tempeste,
Et cil a le dyable en la teste
Ki le mainne. Jel sai de voir,
Jamais ne le porai ravoir.
Dex! dist li quens, que je nel pris
575 Quant il fu dalés moi assis!"
Dist li serghans: "Bien le vous dis,
Mais ne creïstes pas mes dis."

VIII.
Li quens fait monter sa maisnie,
Ses serghans, la chevalerie.
580 Apriés Wistasce vont poignant;
Wistasce aloient decachant.
Wistasces vint a .I. hamiel,
Illueques a laissié Morel
Ciés .I. homme k'il connissoit.

585 Bien aparchut c'on le sachoit:
Il a desvestu son habit
Si se remist en autre habit.
Une linge cape a vestue,
A son col porte une machue;
590 Vait garder .I. fouc de brebis
Qui pasoient en .I. larris.
Li quens de Bouloigne vint la:
"Varlet, fait il, quel part ala
Uns blans moigne a .I. noir cheval?
595 —Sire, il s'en va trestout cel val
Sor .I. cheval noir comme meure."
Li quens s'en vait, plus n'i demeure,
Et siut Wistasce grant aleüre;
Et Wistasces ne s'aseüre,
600 Ains a laissiës ses brebis
Si se rest en la forest mis.
Li quens point com .I. esragiés,
Tous ses compaignons a laissiés;
Les .II. moignes en voit fuïr,
605 Il lor crie par gran aïr:
"Par les trumials! Bien n'en irés,
Ja ensi ne m'eschaperés."
Li moigne ont dit lor orison
Que Dex les eskiut de prison
610 Et de mal et de vilonnie:
"Ha! Ha! Dame! Sainte Marie!
Car donnés volenté au conte

b. K'il ne nous fache anui ne honte.
Wistasces li Moignes est pris,
615 Li dyables, li anemis.
Li quens nous velt autressi prendre;
Je crien k'il ne nous face pendre.
Il est priés de nous. Ves le chi!
Por Diu, car li prions merchi!"
620 Ainc ne veïstes .II. rendus
Ki si perdissent lor vertus;
Trop par estoient esperdu,
Tout cuidoient avoir perdu.

Descendu furent en .I. val,
625 Et li quens descent dou cheval
Ses aiert par les chaperons,
Et il se metent a genons.
"Por Diu merchi! dist Dans Vincens.
—Par les trumials Biu! dist li quens,
630 Ja ensi ne m'eschaperés.
A .I. arbre pendus serés.
—Sire, merchi! Sire, merchi!
—Ne m'eschaperés pas issi,
Dist li quens, par Saint Honoré!
635 Car vous estes larron prouvé.
Moriel mon cheval me rendrés
Ou ja par tans occis serés."
Li quens les fist ansdeus loier,
En .I. ortel les fist couchier.
640 Wistasce en la foriest estoit,
Le harnas au conte espioit.
Uns garchons menoit .I. sommier;
Wistasces le fist trebuchier.
Au garchon la langue trencha,
645 Apriés le conte l'envoia;
Et cil s'en vait courant au conte,
D'Uistasce le Moigne li conte
Com cil ki ne pooit parler;
Dont commencha a barbeter.
650 Dist li quens: "Dyables! C'as tu?"
Et cil a dit: "Belu, belu,"
Qui la langue avoit trenchie;
Ne li pooit raconter mie.
Au conte a dit uns escuiers:
655 "C'est cil qui menoit nos sommiers.
Il a esté en males mains,
La langue a il perdue au mains.
Wistasces l'a as puins tenu,
Et no sommier a retenu."
660 Li quens retorne vers Wistasce,
La foriest de Cardello passe,
Si s'en vait par toutes parties.

Wistasces avoit .II. espies
Ki espioient nuit et jor;
665 Onques n'estoient a sejor.
Wistasces les avoit norris,
Les .II. garchons, et esfordris.
Li quens Wistasce aloit cachant;
L'uns des gargchons li vint devant:
670 "Sire, dist il, combien aroie,
Se mon signor vous ensaignoie?
Je suis a Wistasce le Moigne.
—Par foi, dist li quens de Bouloigne,
Sel m'ensaignes, bon le feras;
675 Damoisiaus en ma court seras.
—Sire, il est au mangier assis.
Se me suiés, ja l'arés pris.
—Va, dist li quens, je te suirai;
De lonc apriés toi m'en irai,
680 Mais garde k'il ne s'aperchoive.
Je crien que il ne te dechoive."
L'autre espie oï le garchon,
Bien aperchut la traïson
Del garchon, k'il avoit trahi
685 Son signor ki l'avoit norri;
Vint a Wistasce se li conte
Que cil l'avoit vendu au conte.
Dist Wistasces: "Va t'ent de chi.
Quant li garchons venra ja chi
690 Pour moi cunchiier et dechoivre,
Je li donrai le hart au poivre,
Car il l'a molt bien deservie."
D'Uistasce se parti s'espie,
Et s'autre espie li revient.
695 Dist Wistasces: "Il te convient
Que tu me caupes cel planchon.
—Volentiers, che dist li garchon."
Il a colpé le plançonciel.
"Tor le bien s'en fai .I. hardel!"
700 Cil tortt le hart, molt s'espoënte,
b.   Et Wistasces el col li ente:

El col li mist le hardillon.
"Pour Diu, merchi! dist li garchon,
Sire, por coi me volés pendre?
705 Enne poriés vous tant atendre
Que je me fuisse confessés?
Wistasces dist: "Molt de mal sés,
Mais vois me chi ki en sai plus;
Tu ies en males mains keüs.
710 Tu me cuidoies faire atendre
Tant que li quens me peüst prendre.
N'ai loisir de toi confiesser;
Lasus iras a Diu parler!
En cel arbre t'en monteras,
715 De plus priés a Diu parleras.
Monte lassus et si m'aconte
Comment tu m'as vendu au conte.
—Sire, dist il, par Saint Remi!
Je vous ai vendu et trahi;
720 Quel dyable le vous ont dit?
Ja n'iert nus hom ki vous ochit,
Alés vous ent, n'avés c'atendre."
Dist Wistasce: "Ains te venrai pendre.
Monte lassus et si te pent."
725 Cil monte en l'arbre isnielement,
Si se pendi par le hardiel.
Li quens i vint poignant isniel;
Wistasces sour Moriel remonte,
Apriés lui voit venir le conte.
730 "Sire, dist il, arai jou garde?
A cel pendu me prennés garde;
Je m'en vois a vostre congié."
Li quens le siut comme esragié;
Li quens entre lui et sa gent
735 Cachent Wistasce fierement.
.II. de ses serghans aresterent
Et ambes .II. les iex creverent.
Quant Wistasces sot la nouviele,
Il jure la Sainte Puciele

740 Que pour .III. iex k'il a crevés,
Des siens ara .IIII. espietés.

IX.

Li quens ala a Saint Omer;
Wistasce ne pot atraper.
Wistasces commenche a gaitier
f. 330ro. a 745 S'en bos, n'en chemin, n'en sentier
Porroit .IIII. hommes encontrer
Que il peüst les piés colper.
.V. serghans en[con]tra esrant,
Au conte estoient li serghant;
750 .II. moignes em prison menoient,
Andoi de Clermarés estoient.
Wistasces lor dist: "Descendés!
Des .II. moignes plus n'en menrés,
Et si parlerés a nobis.
755 Se mal avés, vous arés pis."
Wistasces les a arestés,
Tous .IIII. les a espietés.
Au cinkisme dist: "Va al conte.
D'Uistasce le Moigne li conte
760 Que pour .IIII. iex k'il a crevés
En a Wistasce .IIII. espietés.
—Sire, dist il, molt volentiers."
Il n'oublia pas ses trotiers;
Au conte en est venus errant,
765 Si li a conté maintenant
Que pour .IIII. iex k'il a crevés,
Wistasce en a .IIII. espietés.
"Vois, li quens dist, por les trumaus!
Pour le ventre! por les boiaus
770 De cel truant, de cel faus mogne
Qui tant me fait honte et vergogne!"
Dont furent mis .XX. chevalier
Par la foriest pour espiier.

---

748. Ms.: .V. serghans entra en esrant.

Par la foriest lonc tans errerent;
775 Au conte grant avoir costerent.

X.
Un jor erent en la foriest.
Wistasces le Moigne se vest
D'une haire et d'une esclavine;
Par une voie s'achemine,
780 Sour les .XX. chevaliers s'en vint,
Molt piteusement se contint.
Il les salue simplement,
Et il respondent liëment:
"Di dont tu viens et u tu vas.
785 —Signor, au conte eneslepas
De Dant Martin vieng de Boloigne;
Clamer me vois d'un malvais moigne.
Desreubé m'a en ceste terre,
b.   Dist k'il a vers le conte guerre;
790 Il m'a tolu qui valt .C. mars.
Molt par est mendis et escars;
De son pain ne me volt donner
Ne au matin ne au souper.
Signor, dites moi sans delai
795 Ou je le conte trouverai."
Li uns respont: "A Hardello.
Alés i, car je le vous lo."
Wistasce a Hardelo s'en vint,
Sor le mangier au conte vint,
800 Et dist Wistasces: "Dex i soit
Que dou malfé me fache droit!
Signor, dist Wistasces li Moigne,
Li ques est li quens de Boloigne?"
Dist uns serghans: "Veés le la."
805 Wistasces devant lui ala:
"Sire, dist il, por Diu, merchi!
Je suis uns borgois d'Andeli;
De Bruges en Flandres venoie,
Cauches de saie en aportoie
810 Et de deniers bien .XXX. livres.

Uns esciervelés et uns ivres,
(Couronnés estoit com uns prestre,
Trop paroit bien moignes a estre;
Il dist k'il ert vos anemis),
815 Or et argent et vair et gris
M'a tolu et cheval et robe.
Del fol rendu ki me desrobe
Me claim a vous. Faites m'ent droit.
Il n'est pas lonc de chi endroit."
820 (Il dist voir car il i estoit,
Il meïsme au conte parloit.)
"Li faus moigne de pute orine
Me fist vestir ceste esclavine,
Et puis si me fist afier
825 Que je venroie a vous parler.
Sachiés k'il n'est pas lonc de chi;
En .I. buisson entrer le vi.
—Ques hom est chou? li quens a dit,
Est noirs ou blanc, grant u petit?"
830 Dist Wistace: "Il est de mon grant."
Et li quens saut de maintenant.
"Or tost, dist li quens, menés m'i,
f. 330vo. a. Et je vous vengerai de lui."
Dist Wistasces: "Or en venés.
835 Jel vous rendrai; or le prennés."
Li quens le sivi, lui sieptime,
Et Wistasce estoit lui .XXXisme.
Wistasce a le conte mené
Entre sa gent et ostelé;
840 Li quens ne fu mie aseür.
Dist Wistasces: "N'aiés peür.
Je me voel acorder a vous.
Pour Diu merchi, Bials sire dous!
Sire, car parlons de la pais."
845 Et dist li quens: "Laissié me em pais!
C'est por noient et por le dé;
Ja a moi n'estrés acordé."
Dist Wistasces: "Alés vous ent,
Puis k'il ne puet estre autrement.

850 En mon conduit estes venus,
Si n'i serés pas decheüs."
Li quens arriere retorna,
Et Wistasces se destorna.

XI.

Li quens se fist .I. jor armer
855 Et fist toute sa gent mander;
Wistasces li fu endités
K'il ert en .I. castiel entrés;
Li quens s'en vint au chastelet.
Wistasces qui molt sot d'abet
860 Se commencha a porpenser
Comment il porra eschaper.
Sa robe de noire brunete
A une povre cotelete
Canga tantost a .I. preudomme.
865 Del chastiel ist a la parsomme;
En sa voie .I. homme encontra
Ki .I. grant fais d'estrain porta;
L'estrain a acheté tantost.
Wistasces l'emporta a l'ost.
870 Il cria: "Blanc fuerre vendroie."
De sous le fais molt s'afoibloie;
L'un oel ot clos et l'autre ouvert.
L'estrain l'avoit bien acouvert;
Tout clopiant passe le Mongne
875 Devant le conte de Bouloigne.
"Preudom, dist li quens de Bouloigne,
b. Car me di d'Uistasce le Moigne
S'il est encor laiens remés.
Je cuic k'il m'est ja eschapés."
880 Dist Wistasces: "Sachiés de voir
K'il jut a ma maison er soir,
Et juï matin s'en torna.
Or le prendés que il s'en va."
Dist li quens: "Montés! Or apriés!"
885 Li cheval ierent illuec priés,
Trestuit s'esmuevent a cele ore;

Et Wistasces plus n'i demeure
Ki molt savoit de la lanbeue,
Met jus l'estrain, fiert se en la queue.
890 .I. cheval menoit uns garchons;
Il li taut et saut es archons,
Oiant iaus dont ces s'escria:
"Voisci Le Mogne u il s'en va."
Quant l'entent li quens de Boulogne,
895 Il s'escrie: "Or apriés Le Mogne!"
Li Moignes d'iaus tos eschapa;
Nus ne le prist ne atrapa.
Li quens en dut estre dervés
De chou k'il li ert eschapés.
900 A Cardelo ala li quens
.I. jor entre lui et les gens.
Wistasces comme pelerin
Se mist apriés lui al chemin;
.X. compaignons avoit od lui.
905 Li quens del cheval descendi,
Et Wistasces li vint devant:
"Sire, nous sommes peneant
De par l'apostole de Romme.
Nous avons mesfait a maint homme;
910 Por Diu nous sommes repentis,
En grant escil nous sommes mis."
.III. sols li fist li quens donner
Quant il l'oï issi parler.
Li quens est el chastiel entrés,
915 Li cheval sont defors remés;
Wistasces tous les chevals prist,
La vile aluma et esprist,
Mande au conte par .I. serghant
Que chou ont fait li peneant
920 A cui il donna les .III. sols.

f. 331ro. a. "Par foi, dist li quens, je sui fols,
Quant ne fis prendre ces cokins,
Ces truans, ces faus pelerins!
S'or voloie de chi torner,
925 N'aroie jou sor coi monter.

Trop set bien faire sa besoigne,
Ainc ne fu si dyables moigne!
Se je le puis tenir as mains,
Ne morra pas as daerrains."

XII.

930 Un jor ala Wistasce errant
Et encontra .I. marcheant;
De Bruges en Flandres venoit,
.LX. livres en aportoit.
Li marcheans ert de Bouloigne,
935 Bien connut Wistasce le Moigne;
Ne fu pas tres bien aseür,
De ses deniers ot grant peür.
Wistasces li dist erramment:
"Di moi combien tu as d'argent.
940 —Sire, dist il, jel vous dirai
Que ja ne vous en mentirai.
.LX. livres de monnoie
Porc jou chi en une coroie,
Et s'ai .XV. sols en ma bourse."
945 Wistasces tantost le destourse;
En .I. bosket tost le mena,
Et les deniers tous contet a.
Trestout rendi au marcheant,
Et dist: "Va! A Diu te commanc!
950 Se m'eüsses de riens menti,
N'enportasses denier de chi,
Mais tu trestout perdu eüsses
Que ja denier mais n'en reüsses."
Et li marcheans l'en merchie.
955 Dist Wistasces: "Vien, si m'afie
C'au conte de Bouloigne iras
Et cest palefroi li menras.
C'est la dime de ses chevals;
.X. en retienc et cras et bials.
960 L'en me vi[n]t er soir aconter
Que li quens n'a sour coi monter;
Trestous ses chevals li toli

    Er soir quant de lui departi;
    Or l'en voel la dime donner.
b. 965 Cest palefroi t'estuet mener,
    Et si li porte .III. et maille,
    Car chou est la dime sans faile
    De .III. sols de bons angevins
    Que il donna as pelerins
  970 Qui ses .X. cevals enmenerent
    Et sa vile li alumerent."
    Li marcheans li fiancha
    C'au conte de Boloigne ira.
    .III. et maille li a livré
  975 Et le palefroi ensielé.
    "Di li c'Uistasses li envoie
    Le dime de toute sa proie."
    Li marcheans a pris congié,
    Del Moigne se partit tout lié;
  980 Tout maintenant s'en vint au conte,
    D'Uistasce le Moigne li conte.
    Li quens a fait tantost saisir
    Le marcheant et retenir;
    Il cuida bien sans nul essoigne
  985 Que che fust Wistasces le Moigne.
    "Sire, che dist li marcheans,
    De Bouloigne sui chi devant.
    Wistasces me fist afier
    Que je venroie a vous parler.
  990 G'i vinc por acuiter ma foi."
    Respont li quens: "Bien vous en croi."
    Quant li quens l'oï si parler
    Tantost le fist laissier ester,
    Et cil li baille tot sans faille
  995 Le cheval et les .III. et maille.

    XIII.
    Li quens ala .I. jor cachier.
    Une espie li vint nonchier
    Q'Uistasses ert en la foriest,
    Et li quens de burel se vest

1000 Et il et toute sa maisnie.
A pié s'en vait apriés s'espie;
Enbussié sont en une fosse.
L'espie Wistasce les aproche,
Bien connut que che fu li conte;
1005 A Wistasce vient, si li conte.
Wistasces se vait acointier
Maintenant a .I. carbonnier.
Li carbonniers .I. asne avoit

f. 331vo. a. Dont son carbon vendre portoit.
1010 Wistasces a, sains dire plus,
Les dras au carbonnier vestus,
Et sa noire coife afubla,
Et son visage encarbonna,
Son col noirci et puis ses mains;
1015 A grant merveille fu bien tains.
L'asne fu cachiés des carbons;
Wistasces tint .I. aguillon,
Si s'acemine vers Bouloigne.
Li quens nel prise une escalongne
1020 Quant devant lui le voit passer,
Ains ne le daigna a parler.
Et Wistasces lor escria:
"Signour, dist il, que faites la?"
Li quens respondi premerains:
1025 "C'afiert a vous, Sire vilains?"
Dist Wistasces: "Par Saint Omer!
Je l'irai au conte moustrer
Que les gens Wistasce le Moigne
Nous fait assés honte et vergoigne.
1030 Mon ronchi n'osai amener
Por mon carbon vendre porter
Que Wistasces nel me tolist.
Orendroit molt a aise gist
De jouste .I. bon fu de carbon,
1035 S'a assés car et venison.
Tout mon carbon m'a alumé
Ki m'a molt a faire cousté.
—Est chou priés de chi?" dist li quens.

Dist Wistasce: "Il est chi dedens.
1040 Trestoute ceste voie irés
Se vous a lui parler volés."
Wistasces aguillonne Romer,
Et li quens commanche a entrer
En la foriest, il et sa gent.
1045 Le carbonnier trouva seant
Ki les dras au Moigne ot vestus;
Molt fu laidengiés et batus.
Il cuidoient tot sans mençoigne
Que che fust Wistasces li Moigne.
1050 "Signour, dist il, pour Diu merchi!
Por coi me batés vous issi?
Ceste robe poés avoir;
Sachiés que je n'ai avoir.
C'est la robe Wistasce le Moigne
1055 Ki orendroit va vers Bouloigne;
Mon asne amainne et mon carbon.
Ses mains, son vis et son caon
A molt bien tains de carborclee.
Ma coife noire a afublee;
1060 Ma robe me fist desvestir
Et la soie me fist vestir."
Et dist li quens: "Signor, oés!
Or le prendés se vous volés.
Por les dens Biu del vif malfé,
1065 Tantes fois m'ara escaufé!
C'est li carbonniers ki la va
Qui orendroit a nous parla."
Dist li quens: "Or tost! Or apriés!"
Li cheval erent d'illuec priés;
1070 Il montent si s'en vont batant
Apriés Wistasce maintenant.
Wistasces a son vis lavé,
Si a .I. potier encontré.
Li potiers crie: "As pos! As pos!"
1075 Et Wistasces ne fu pas sos
Que bien sot k'il seroit cachiés.
Au potier fist errant marchié:

Por son asne et por ses carbons
Ot buires et pos et pochons.
1080 Dont devint Wistasces potiers;
Li potiers devint carbonniers.
Fols fu quant laissa son mestier,
Car de chelui n'eüst mestier.
Wistasces crie: "As pos! As pos!",
1085 Et li quens est issus dou bos.
Li quens demanda au potier
S'il ot veü .I. carbonnier.
"Sire, dist Wistasces Li Moigne,
Il s'en vait tot droit vers Bouloigne;
1090 .I. asne mainne a tout carbons."
Li quens hurte des espourons;
Si serghant et si chevalier
Lors ont ataint le carbonnier
Molt l'ont batu et laidengié,
1095 Laidement l'ont illuec pignié;
Les mains li loient et les piés.
Sor .I. ronchi fu encargiés,
La teste par devers la crupe;
Li vilains crie et brait et jupe:
1100 "Signor, dist il, por Diu vous proi
Que vous aiés merchi de moi.
Dites por coi vous m'avés pris,
Et, se j'ai riens vers vous mespris,
Je l'amenderai volentiers.
1105 —Ahi! Ahi! Dans pautonniers,
Dist li quens, cuidiés escaper?
Par tans vous ferai encroer."
Uns chevaliers le regarda,
Le potier molt bien connut a;
1110 Et dist li chevaliers senés
Qui bien sot dont il estoit nés:
"Quel maufé t'ont fait carbonnier?
Tu soloies estre potier:
Ja nus hom ne se garira
1115 Qui tant de mestiers enprendra.
—Sire, merchi! dist li preudom,

Pour cest asne et por cest carbon
Donnai mes pos au carbonnier
Que Dex envoit mal encombrier,
1120 Que par lui sui jou si menés!
Je cuic k'il les avoit emblés.
Si m'aït Dex, pas nes emblai,
Por l'asne mes pos li donnai.
Durement s'en va vers cel bos,
1125 Et va criant: "As pos! As pos!"
Et dist li chevaliers au conte:
"Tant set Wistasces de la honte!
Wistasce ert orains carbonniers,
Et or est devenus potiers.
1130 —Vois, dist li quens, por la froissure!
Or tost apriés grant aleüre!
Tous chials que vous enconterrés
Hui et demain, si m'amenés.
Jamais au Moigne n'arai fait,
1135 Se je nes prenc trestout a fait."
Aler laissent le carbonnier,
Si se remetent au frapier;
En la foriest s'en sont entré.
Wistasces ses pos a jeté;
1140 En .I. marchais tous les depieche,
b.   Trop les avoit portés grant pieche.
En .I. nit d'escoufle est montés
Wistasces li escervelés;
Illuecques se fist loussignol,
1145 Bien tenoit le conte por fol.
Quant voit le conte trespasser
Wistasces commenche a crier:
"Ochi! Ochi! Ochi! Ochi!"
Et li quens Renaus respondi:
1150 "Je l'ocirai, par Saint Richier,
Se je le puis as mains baillier!
—Fier! Fier! dist Wistasces Li Moigne.
—Par foi! dist li quens de Bouloigne,
Si ferai jou, je le ferai.
1155 Ja en cel liu ne le tenrai!"

Wistasces rest aseürés,
Si se rest .II. mos escriës:
"Non l'ot! Si ot! Non l'ot! Si ot!"
Quant li quens de Bouloigne l'ot:
1160 "Certes si ot, che dist li quens,
Tolu m'a tous mes chevals buens!"
Wistasces s'escria: "Hui! Hui!
—Tu dis bien, dist li quens, c'ert hui
Que je l'ocirai a mes mains,
1165 Se je le puis tenir as mains."
Dist li quens: "Il n'est mie fol
Ki croit conseil de loussignol.
Li loussignos m'a bien apris
A vengier de mes anemis,
1170 Car li loussignos si m'escrie
Que je le fiere et que l'ochie."
Dont s'esmut li quens de Bouloigne
Por servir Wistasce le Moigne.
.IIII. rendus a arestés,
1175 Tantost sont em prison menés.
Apriés renvoia em prison
Quatre merchiers et .I. cochon;
.III. pouletiers et .II. asniers
Resist maintenant prisonniers.
1180 .VI. pissonniers et lor pisson
Ra fait lués mener em prison,
Et .IIII. clers et .I. sorprestre
Recovint il em prison estre.
Le jor furent en sa prison
f. 332vo. a. 1185 Plus de .LX. compaignon.
Li quens s'en vint au Neuf Castel;
La commencha .I. plait nouviel.
Wistasces qui molt sot de gile
Entra apriés lui en la vile;
1190 Les dras vesti a une dame,
A grant merveille sambla fame.
D'un muelekin fu afublés,
Molt par fu bien enmuselés;
A son costé ot sa kenoulle.

1195 Lors fila Wistasces li Moigne;
A .I. serghant manois s'en vint
Ki .I. cheval le conte tint.
Dist Wistasces: "Lai moi monter
Et je te lairai bareter.
1200 —Molt volentiers, dist li sergant.
Sor cest bon palefroi amblant,
Ma damoisiele, or cha montés!
.IIII. deniers de moi arés,
Se vous me laissiés bareter.
1205 Je t'aprendrai a culeter."
Dist Wistasces: "Encor enqui,
Ainc nus hom ne culeta si."
Le pié si lieve le vallet,
Et Wistasces lait corre .I. pet.
1210 "Ha, Damoisiele, vous peés!"
Dist Wistasces: "Ne vous doutés!
Bials tres dous amis, ne vous poist,
C'est ceste siele ki si croist."
Wistasces li Moigne est montés;
1215 Il et li varlés les a les
S'en vont en la foriest batant.
Dist li varlés: "N'alons avant.
J'ai chi le cheval mon signor,
Et vous le palefroi millour."
1220 Dist li varlés: "G'iere honnis
Se cis plais n'est tost defenis;
Cha alons faire no besoigne.
—Varlet, dist Wistaces Li Moigne,
Trop ies engrans de bareter;
1225 Par tans te ferai culeter.
Or vien encor .I. poi avant
C'aucuns ne nous voist espiant.
—Damoisiele, dist li varlés,
b.   Gardés ke il n'i ait abés.
1230 Par les boiaus Sainte Warie,
Je vous tolroie tost la vie!"
Dist Wistasces: "Bials dous amis,
Or ne soiés si esmaris.

Ma logete est ichi devant;
1235 Or vien encor .I. poi avant."
Li varlés le suit folement;
Wistasces vint entre sa gent,
Le varlet aërt par le col;
Or se puet il tenir por fol.
1240 De c'est voirs que li vilains dist:
"Tant grate kievre que mal gist."
Dist Wistasces: "Descendés jus
Dou bon cheval, n'en menrés plus;
Li palefrois si rest molt buens,
1245 Jamais n'i montera li quens."
Illuec sont andoi descendu;
Grans riseës i a eü.
"Signor, dist Wistasces Li Moigne,
Cis varlés fera sa besoigne,
1250 Car je li oi en couvenant."
I l'a mené un poi avant;
Wistasce en .I. fangier enmainne:
"Varlet, fait il, ne te soit painne.
Or tost despoulle toi trestous;
1255 Je sai bien que volentiers fous."
Li varlés el fangier entra,
Ainc contredire ne l'osa.
Dist Wistasce: "Or del culeter!
Bon loisir as de bareter;
1260 Culete trestous estendus
Ou tu seras ja si batus
Jamais ne t'en poras aler.
Tu me cuidoies bareter;
Bien devroies avoir vergoigne
1265 Ki voloies foutre .I. noir moigne."
Dist li varlés: "Por Diu merchi!
Ne me faites tel honte chi.
Sire, dist il, par Nostre Dame,
Je cuidoie que fussiés fame!"
1270 Wistasces dist, (N'est pas herites,
Ne fout-en-cul, ne sodomites):
"Or vien avant, si t'en iras.

f. 333ro. a.
   Au conte de ma part diras
   Com faitement je t'ai servi.
1275 —Je li dirai molt tos[t is]si
   De vo part," che dist li varlet.
   Tantost a la voie se met.
   Au conte n'osa retorner
   Por son message raconter;
1280 Fuïs est en estraigne terre.
   Puis dura longhement la guerre
   D'Uistasce le Moigne et dou conte;
   Wistasces li fist puis grant honte.

XIV.
   Un jor estoit a La Capiele
1285 Wistasces, qui sot la nouviele
   Que li quens par tout le queroit.
   En un prestre molt se fioit;
   Ciés le prestre fu herbregiés
   Qui riches fu et aaisiés.
1290 Li prestres l'encusa au conte;
   Wistasces li fist puis grant honte.
   Au prestre poins et piés lia,
   Puis en .I. fossé le jeta.
   .I. jour vint li quens de Bouloigne
1295 Vers Genos en une besoigne;
   Le roi Phelippe od lui mena,
   Qui toutes ses os i mena,
   Et son fil le roi Loëy
   Molt mena biele gent od li.
1300 Li rois ot compaignie biele,
   Cele nuit jut a La Capiele.
   Illuecques assambla ses os
   A Sainte Marië au Bos,
   Qui priés estoit de La Capiele;
1305 La ravoit compaignie biele.
   Wistasce Le Moigne avoec lui,
   Qui au conte a fait maint anui,
   Dehors le bos avoit s'espie.
   La prist .I. borgois de Corbye,

1310 Ne li laissa fors sa cotiele;
Au roi l'envoie a La Chapiele.
Apriés rocist .I. chevalier.
Li rois s'emprist a corechier,
Puis dist au conte de Bouloigne:
1315 "Quens, oiés d'Uistasce le Moigne
Qui ma gent desrobe et occist."
b.   Respont li quens: "Se Dex m'aït,
Je ne me puis de lui vengier.
C'est .I. dyable moigne guerrier."
1320 Adont le fist li rois cachier,
Mais onques ne le pot baillier.
A Sangates li rois ala;
Quant de Sangates retorna
Dont fist li quens l'arriere garde
1325 Que la gent au roi n'eüst garde.
Wistasces qui molt sot de gile
Ert priés d'illuec en une vile.
L'espie au conte de Bouloigne
Li conte d'Uistasce Le Moigne
1330 Qui en cele vile espioit
L'ost le roi qui par la passoit.
Li quens est alés cele part,
Et Wistasces, qui molt sot d'art,
Qui en fu garnis par s'espie,
1335 Une nouviele soif espie.
Uns vilains cele soif clooit;
Wistasces vint a lui tout droit.
Li vilains ot une viés chape,
Et Wistasces molt tost li hape;
1340 Sa bonne robe li donna,
A son ostel l'en envoia.
Li sois estoit legiere a clore;
Wistasces le commenche lore.
Wistasce une sarpe tenoit
1345 Dont piex et verges esmondoit;
Une viés huve ot affublee.
Li quens issi d'une valee,
A Wistasce s'en vint tout droit

Qui cele soif durment clooit.
1350 "Vilains, dist li quens de Bouloigne,
Est laiens Wistasces li Moigne?"
Dist Wistasces: "Ne sai voir, Sire,
Ne vous en voel mençoigne dire.
De la vile orendroit tourna,
1355 Por l'ost le roi se destorna;
Il s'en fuit a molt grant besoign
Droit chi amont, il n'est pas loing.
Vous le porrés molt bien ataindre."
Et li quens commencha a poindre,
1360 Et Wistasces, ki el ne quiert,
f. 333vo. a. En la keue de l'ost se fiert.
Illuec retint .V. chevaliers,
.VI. palefrois et .V. destriers,
Car il avoit grant compaignie
1365 Qui gaires n'estoit eslongnie.
El bos se sont alé muchier;
Apriés sont assis au mangier.
Hainfroi, son mortel anemi,
I sorvint au mangier sor lui;
1370 El bos entra pour estaler,
Jamais ne s'en cuida raler,
Grant paour ot, molt s'esfrea.
Wistasces em piés se leva.
Dist Wistasce: "Or tost descendés
1375 Et avoec nous si mangerés."
Hainfrois descent, grant paor a,
En Wistasce poi se fia.
Et quant che vint apriés mangier,
Hainfrois commencha a proier
1380 Wistasce merchi durement.
Dist Wistasces: "Alés vous ent!
Mon pere et mon germain cousin
Avés occit et trait a fin,
Et si me meslastes au conte.
1385 Ne ferai ore plus lonc conte,
Mais qui me donroit toute Franche
N'en prendroie jou acordanche.

Pour chou qu'o moi mangié avés,
Hui mais de moi garde n'arés.
1390 Or vous en alés trestous cuites,
Et au conte de ma part dites
Que jou orains la soif clooie
Quant il me demanda quel voie
Wistasces li Moigne est alés,
1395 S'il ert encor laions remés."
Hainfrois est d'Uistasce partis,
Au conte conta tous ses dis,
Et li quens tantost retorna,
Et Wistasces se destorna.
1400 Lors s'atorna comme mesiel,
Hanap ot, potente et flanel;
Quant voit le conte trespasser,
Dont commencha a cliketer.
La ot il .XXVIII. deniers
b. 1405 C'au conte, k'a ses chevaliers.
Quant li quens fu outre passés,
Uns gars fu arrieres remés
Ki menoit un molt bon destrier.
Wistasces le fist trebuchier,
1410 Saut es archons, sa voie tient,
Et li garchons au conte vient:
"Sire, par ma foi! Uns mesiaus
M'a tolu .I. de vos chevaus.
—Vois, dist li quens, por les boiaus!
1415 Por le ventre! por les trumiaus!
Che fu ichil a la clikete
Li Moignes ki si nous abete.
Par foi! che dist li quens Renaus,
Trop bien paroit ore mesiaus;
1420 Les dois avoit trestous crocus
Et ses visages ert bocus."
Li quens le fist par tout cachier.
Wistasces se fist escachier;
Sa jambe ot lié a sa nace,
1425 Molt bien sot aler a escache.
Poumon de vaque dehiekié

Avoit a sa cuisse liié
D'un bendel tout ensanglenté.
El mostier est Wistasce entré;
1430 Li quens de Bouloing i estoit,
Li prïeus la messe chantoit;
Tous ert li mostiers plains de gens,
De chevaliers et de sergens.
Wistasces vint devant le conte,
1435 Sa maladie li raconte,
Sa jambe li mostre et sa nache,
Si li prie que bien li fache.
Li quens .XII. deniers li tent,
Et Wistasces les deniers prent.
1440 Devant le prïeus vint tout droit
La ou s'osfrande rechevoit;
En haut a sa cuisse levee
Et sa nache li a mostree.
"Sire, dist Wistasces, veés
1445 Comme je sui mal atirés;
J'ai toute la cuisse porrie.
Por Diu et por Sainte Marie,
Car priiés a ces chevaliers

f. 334ro. a.   Kil me doinsent de lor deniers
1450 A ma cuisse faire garir."
Dist li prïeus: "Or lai venir
L'osfrande et puis si parlerai.
Volentiers pour toi prierai."
Quant l'osfrande fu toute alee,
1455 Et li prïeus sans demouree
Prie pour Wistasce Le Moigne
Qui a maint homme fait vergoigne.
"Signour, dist li prïeus, oés!
Cis povres hom que vous veés
1460 A toute la cuisse porrie.
Pour Diu et pour Sainte Marie,
Grant mestier a c'on bien li fache;
Il n'a c'un pié et une escache.
Pour Diu, Signor, faites li bien!
1465 Je vous em pri sour toute rien."

Wistasces ne fu mie fols,
Illuec gaegna il .VIII. sols.
Dou mostier ist a recelee
Ains que la messe fust chantee;
1470 N'avoit cure de prendre pais,
Il amoit miels guerre que pais.
Il s'en vint au cheval le conte,
Sour le cheval maintenant monte;
S'escache contre val li pent,
1475 Et li enfant crient forment:
"L'escachier enmainne .I. cheval.
Ves com il point par mi cel val!"
Dont salent fors li chevalier;
Il ne remest homme el mostier.
1480 Trop grant merveille en orent tuit
De l'escachier ki si s'en fuit
Sour le riche cheval d'Espaigne;
Durment s'en vait par la compaigne.
"Vois, dist li quens, por les boiaus!
1485 Tant est cis moignes desloiaus
Ki tant m'ara fait honte et mal!
Or me ra tolu mon cheval.
Riens ne me vauroit li sivir,
Je nel poroie aconsivir."
1490 Dont fist li quens a tous jurer
Que s'il le pueent atraper
En bois, n'en vile, n'en sentier,
b.   K'il le renderont prisonnier.

XV.

Un jour estoit molt bien negié.
1495 Wistasces ot esté espié
En .I. hamiel ou il estoit.
Li quens s'en va cele part droit,
Lui .XXXisme. tout fer armé.
Par tans fust pris et atrapé,
1500 Mais Willaumes de Mont Chavrel
L'en garni par un garçonchiel.
Wistasces est sour Moriel montés,

Lui tiers s'en fuit tous desarmés.
Li quens par trache le sivoit,
1505 Et la trache en la noif estoit.
Wistasces chiés un fevre entra,
Les fers de son cheval torna;
Quant li fier furent bestorné
Wistasce en est adont torné
1510 Que plus Wistasce avant aloit
Et la trache si demostroit
Au conte k'il tornast arriere.
Li quens est entrés en l'ordiere;
Par cele trache s'aperchoit
1515 Q'Uistasce arriere retornoit.

XVI.
Li quens arriere retorna.
La trache au fevre le mena
Ki les fers avoit bestornés;
Par tant sera mal atornés.
1520 Li quens fist le fevre apieler,
(Je cuic k'il le velt tribouler),
Commande lui sans nul essoigne
Que li rende Wistasce le Moigne.
Dist li fevres: "Je n'en ai mie
1525 Issi, m'aït Sainte Marie."
Dist li quens: "Vous le me rendrés.
Par ceste trache estes provés
Qui nous a amené ichi."
Li fevres dist: "Sire, merchi!
1530 Troi escuier par chi passerent,
Lors fers de lor chevals tornerent,
Mais ne sai por coi il le firent.
Tout maintenant de chi issirent,
Cele voie s'en sont alé
1535 Si com vous estes retorné."
Dist li quens: "Par les sains trumiaus!

f. 334vo. a. Molt est cis Moignes desloiaus!
Pour les fers k'il a bestorné
Sommes nous ichi retorné.

1540 Fevres ki les fers bestornas,
De .XX. livres te destordras;
Ou .XX. livres me baillerés
Ou vous serés haut encroés."
Li fevres .XX. livres gaga,
1545 Plege et ostage l'en livra.
Li quens retorne vers Wistasce,
Le forest de Vardello passe.
Wistasce ert assis au mangier
Cha fors en .I. vaste mostier.
1550 .III. carpentier i carpentoient,
Nouviel mostier faire voloient.
Li quens s'en passa par devant;
Au mostier courut .I. serghant.
Wistasces devint carpentier
1555 Quant le serghant vit aprochier;
A son col la cuignie pent,
Fors dou mostier ist erramment:
"Diex vous saut, Sire! dist Wistasse,
Quels hom est chou ki par la passe?"
1560 Dist li serghans: "Che sont faidiu
Ki sont de lor païs eskiu;
.I. homme qui molt set de guerre
Venoient querre en ceste terre.
Il ont oï parler dou Moigne
1565 Qui chi fu nés priés de Bouloigne;
Molt ont demandé et enquis.
K'il est molt preus et molt hardis!
—Frere, dist Wistasces li Moigne,
Vous alés querre tel besoigne,
1570 Ja ne vous vaurra .I. bouton,
C'est uns fols musars, .I. glouton.
Laiens mangue en cel mostier
.I. dyable moigne advresier.
Le mal puist il estre arivés!
1575 Il nous a trestous afamés.
Descendés si l'alés veïr
Chelui que vous verrés seïr
A cel coron par de dela;

C'est li Moignes, n'en doutés ja."
1580 Li serghans descent erramment,
b. Puis a dit au Moigne ensement:
"Tenés moi, fait il, mon ronchi,
Il n'a si bon dusch'a Monchi,
Et si gardés k'il ne vous fiere,
1585 Car il gete del pié derriere."
Dist li Moignes: "Loial vous truis;
Ne me ferra pas se je puis."
Li varlés el mostier entra,
Del Moigne mie ne trouva,
1590 Et quant ne l'a mie trouvé
Dont se tient il a engané;
Il aloit musage querant.
Wistasces monte maintenant;
Wistasce a haute vois s'escrie:
1595 "Carpentier, vesci vo cuignie.
Je m'en vois. A Diu vous commanc.
—Por les dens Biu, dist li sergant,
De mon cheval jus descendés;
Arriere le me ramenés.
1600 —Non ferai, puis k'il est si bons.
Hui mais ne me prendra li quens,
Ains en menra[i] cest bon cheval."
Dist Wistasces: "Sire vassal,
Arriere a pié vous en irés,
1605 Au conte de ma part dirés
Bien fust conreés et peüs,
Se il fust ichi descendus."

XVII.

Uistasce en la foriest entra,
Et cil a pié si s'en ala
1610 Trestous corchiés et abosmés.
Cest jor fu il mal atornés;
Souvent chaoit parmi la noif
Et moroit de fain et de soif,

1602. Ms.: menra.

                    Et si erroit a tel trepiel
1615   Que de ses dens faisoit martel.
                    Li quens ert assis au mangier;
                    Atant es vous son escuier
                    Trestout soillié desci as braies.
                    Dist li quens: "Bonne aventure aies!
1620   Si m'as ore de priés sivi.
                    As tu Le Moigne aconsivi?"
                    Cil fu corchiés, ne pot mot dire.
                    Li quens li recommenche a dire:
                    "Respont, Dyable, dist li quens,
f. 335ro. a. 1625   Male goute aies tu es dens?
                    —Sire, che dist li escuiers,
                    Li Moignes est bons chevaliers,
                    Car il prent bien souvent dou vostre;
                    Bien vous aprent vo patenostre.
1630   Il m'a mis de mon ronchi fors;
                    En aventure fu mon cors.
                    —Vois! dist li quens, por les trumials!
                    Pour le ventre! por les boiaus!
                    Por le gargate! pour les dens!
1635   Com cil cunchie toutes gens!
                    Par les trumiaus! bien n'en ira,
                    Signor, serghant, or i parra."
                    Wistasce en la forest estoit;
                    Li quens s'en vint cele part droit.
1640   Wistasce est sor Moriel montés,
                    Mais il n'estoit mie cenglés.
                    Li quens le siut comme dervés;
                    Or ert il ja bien atrapés.
                    Wistasces Moriel espouronne,
1645   Et Morials saut, la siele torne;
                    Wistasces chiet, li quens le prent.
                    Vigereusement se desfent;
                    L'escu li a jeté devant,
                    A .II. mains l'aiert maintenant,
1650   Et Dans Wistasces fiert le conte
                    Ki volenters li feïst honte.
                    Li uns sache, li autres tire,

Ainc ne veïstes tel martyre
Com il ot a Wistasce prendre,
1655 Car trop bien se savoit desfendre.
Pris fu Wistasce et retenus,
Lors fu bien gardés et tenus;
Les mains li liënt et les piés,
Sor .I. ronchi fu encarchiés.
1660 Tantost le valt pendre li quens,
Mais Wistasce i avoit des siens,
Ains i eüst cols departis
K'il i fust pendus ne occis.
"Signor, dist li quens de Bouloigne,
1665 Jou ai pris Wistasce le Moigne.
Or me loés que j'en ferai;
Par vo conseil m'en deduirai.
Me loés vous que je le pende,
b.   Ou au roi de Franche le rende?"
1670 Dist Guillaumes de Mont Chavrel:
"Il ne nous en seroit pas bel;
Nos parens est et nos amis.
Trop en ariés d'anemis."
Dist li quens: "Je le pendrai ja.
1675 Or venrai ki le me tolra.
Ou jou au roi l'envoierai
Que ja por nul hom nel lairai
Ki le fera pendre ou noier;
On le fera martyriier."
1680 Dist Willaumes: Bials tres dous sire,
Car refraigniés .I. poi vostre ire.
Le Moigne raplegiés le nous
Sor quanques nous tenons de vous.
—Par les boiaus Biu, non ferai!
1685 Dist li quens, ains le destruirai."
Et dist Ansiaus de Caieu: "Sire,
Car refraigniés encor vostre ire;
Trop porroit a ses amis nuire,
Se vous le voelliés destruire.
1690 —Sire, dist Huës de Belin,
Le volés vous destruire en fin?

―Oïl, par Saint Piere de Romme!
Jamais ne cunchiera homme,
Dist li quens, trop a fait de maus,
1695 Trop est tels moignes desloiaus."
Respont Wales de La Chapiele:
"Ne morra hui, par la cerviele!
Trop estes mals hom, Sire quens,
N'en ferés pas issi vos buens.
1700 Il a ouvré com hom de guerre;
Vous li avés tolu sa terre.
Or le menés par jugement,
Ou n'en tenrés mie autrement.
Se vous Le Moigne pendïés,
1705 Trop d'enemis en averiés;
Et, se vous el que bien li faites,
Ja i avra espeës traites.
―Sire, che dist Bauduïns d'Aire,
Car me creés d'un poi d'afaire.
1710 Envoié le a Paris au roi;
S'iert jugiés par droit et par loi."
Dist li quens: "Il eschaperoit,

f. 335vo. a. Qui .I. jor vivre le lairoit.
―Si le faites si bien loier
1715 K'il ne se puisse justichier."
Dist li quens: "Je l'envoierai
Au roi, si m'en deliverrai."
Cascuns respont: "Je le vous lo."
Li quens l'envoie a Hardelo;
1720 Et quant che vint a l'anuitier
Li quens manda .I. caretier
Pour Wistasce mener au roi.
Li caretons plevi sa foi
C'au roi de Franche le menroit
1725 Si que ja nus ne le saroit.
Huës de Gaunes est montés,
Lui .XXXisme. tot fer armés;
Cil le doivent a roi conduire,
Ains le volront aidier que nuire.
1730 Wistasces fu encharetés;

Par nuit se sont acheminés,
(Si ami en demainnent duel),
Il ont trespassé Monsteruel.
Huës de Gaunes les garni;
1735 S'apresté fuissent et garni
D'Uistasce le Moigne secorre;
Sous Biaurain le porront rescorre.
Guillaumes de Filles s'arma,
Lui .XXXisme., a Biaurain ala,
1740 S'ont rescous Wistasce le Moigne
Maugré le conte de Bouloigne.
Li Moignes passa outre Cance,
N'avoit cure d'aler en Franche.
Ains que li quens en seüst mot
1745 Ot il gaëgnié son escot.
Li abbés de Jumiaus venoit;
Wistasce esgarde, si le voit:
"Dans abbés, dist il, estes la!
Que portés vous? Nel celés ja!"
1750 Dist li abbés: "A vous c'afiert?"
A poi c'Uistasces ne le fiert:
"C'afiert a moi, Sire coillart!
Par ma teste, g'i avrai part.
Descendés tost, n'en parlés plus,
1755 Ou vous serés ja si batus
Ne le vauriiés pour .C. livres."
b. Li abbés [cuida] k'il soit ivres,
Il l'a[drecha mol]t douchement;
Dist [a Uistasce]: "Alés vous ent.
1760 N'est pas ichi que vous querrés."
Wistasces dist: "Ne me ciflés.
Descendés jus isnielement,
Ou la vous ira malement."
L'abbés descent, grant paor a,
1765 Et Wistasces li demanda
Combien il porte od lui d'avoir.
Dist li abbés: ".IIII. mars voir.
J'ai od moi .IIII. mars d'argent."
Wistasces l'escoute erramment:

1770 Bien trouva .XXX. mars ou plus.
Les .IIII. mars li a rendus,
Tant com il dist que il avoit.
Li abbés fu *corchiés* a droit;
Si li abbés eüst dit voir,
1775 Tout reüst eü son avoir.
Li abbés son avoir perdi
Pour tant seulement k'il menti.

XVIII.

Un jor fu li quens a Bouloigne.
Dont i vint Wistasces li Moigne;
1780 Dedens Bouloigne en est entrés.
Makeriaus avoit acatés,
Vendi les as serghans le conte;
Pour paiement et por aconte
Ala Wistasce a court mangier,
1785 Mais ainc n'en pot avoir denier.
Il demanda son paiement,
Ainc n'en i ot goute d'argent;
Terme li ont mis li serghant.
Wistasces s'em parti atant.
1790 Li quens s'apparilla d'esrer,
Ses chevals a fait ensieler,
Wistasces s'en vint as chevaus,
.IIII. en a saisi des plus biaus,
A l'iaue les devoit mener;
1795 .III. garchons fist od lui aler
Ki les chevaus li amenerent;
Fors de Bouloigne les menerent.
Wistasces i ot des serghans;
Il fait descendre les enfans,
1800 Les .IIII. chevaus enmenerent,
Et li enfant s'en retornerent.
Wistasces au conte manda
Par .I. serghant k'il encontra,
K'i enmainne .IIII. chevaus

f. 336ro. a.

1773 Ms: corechiés.

1805 Por l'escot de ses makeriaus.
Li serghans vint courant au conte,
D'Uistasce le Moigne li conte
Ki li a makeriaus vendus
.XLIIII., voire plus:
1810 "Quatre bons chevals en a pris
Por le paiement, che m'est vis,
Et si a mangié a vo court.
—Par les piés Biu! Trop me tient court!
Je li acourcherai sa vie,
1815 Par les boiaus Sainte Varie!"
Li quens le commenche a cachier,
Mais onques ne le pot baillier.
Wistasces devint flannïers,
Et esmeulliers et vasteliers.

XIX.[1]

1820 Li quens ert .I. jor a Calais.
Wistasce i vint a grans eslais,
Ki molt sot de mal et de gile.
En .I. ostel fors de la vile
Fist faire .I. fu grant et plenier;
1825 Od lui avoit .I. escuier.
Waufres et tartes first nouvieles
Et samelles boines et bieles.
Les tartes fist dedens confire
D'estoupes, de poi et de cire.
1830 Wistasce les ot fait confire
Molt tres bien et a grant maistire.
Li quens fu assis au mangier,
Et Wistasce prist son mestier,
Si le porta devant le conte;
1835 Au conte vient, et si li conte
C'uns damoisiaus li fait present
Qui tient de lui son casement,
K'il a devant lui a plaidier,
Et avoec lui venra mangier.
1840 Laiens ont le present rechut;
Ancui se tenront a dechut.

Wistasces unes letres fist,
En unes des tartes les mist
Qui conterent par verité
b. 1845 Trestoute la concïeté.
Wistasce au conte a pris congié,
Et quant li mes furent mangié
Le present porterent esrant
Devant le conte maintenant;
1850 Tartes i orent aportees.
Cil ki la les a presentees,
Uns chevaliers, a pris des tartes;
Au conte estoit ses connestables,
Molt durement ert ses privés.
1855 En une tarte est enpastés
Si k'il ne puet la geule ouvrir,
Les dens arriere resortir.
Anchois k'il en fust despastés,
A son compaignon dist: "Tastés.
1860 Ainc de tels tartes ne mangastes
N'en vostre vie n'en goustastes."
Adont a pris cil une tarte;
Grans dens avoit, forment s'enpaste
Si k'il n'en puet ses dens oster;
1865 D'angoisse commenche a suer,
Et quant il se puet despaster
Forment commencha a jurer:
"Par les dens Biu, je sui honnis!
Dyable ai mangié, che m'est vis."
1870 Molt durement se cunchiierent
Tout cil qui des tartes mangierent;
N'i ot nul n'en fust enpasté
Si tost com il en ot gousté.
En une des tartes trouverent
1875 Les letres qui lor raconterent
Que che fist Wistasces li Moigne.
"Par foi! dist li quens de Bouloigne,
Trop est cis Moignes desloiaus,
Car trop me fait de lais aviaus.
1880 Au dyable soit il commandés

Que ja n'iert pris ne atrapés!"
Wistasce en Engletiere ala,
Au roi Jehan merchi cria;
En forme d'un ospitelier
1885 As piés le roi s'ala couchier.
Li rois li demanda pour coi
Il ert couchiés par devant soi.
Wistasces dist: "Sire, merchi!"

f. 336vo. a. Dist li rois: "Levés vous de chi.
1890 Puis que estes ospiteliers,
Vous arés merchi volentiers."
Dist Wistasce: "Oiés ma besoigne.
Che vous mande Wistasces li Moigne,
Et en priant merchi vous crie
1895 Que le retenés de maisnie."
Li rois respont sans demorer:
"Retenus ert, s'il velt jurer
K'en boinne foi me servira,
Ne que jamais ne me faura;
1900 De lui vaurai avoir ostages."
Dist Wistasces: "Ma fille en gages,
Sire, s'il vous plaist, en arés,
U ma femme, se vous volés."
Dist li rois: "Estes vous li Moigne
1905 Ki parlés de ceste besoigne?
—Oïe, Sire, Wistasces ai non."
Et dist li rois: "Par Saint Aumon
Ki me sires est droituriers!
Je vous retenrai volentiers.
1910 Que tres bien soiés vous venus!"
Dont fu Wistasces detenus.
Li rois galies li bailla;
Wistasces en la mer entra.
Wistasce avoit .XXX. galies,
1915 Es isles vint de Genesies.
Cil des isles furent armé,
Ensamble furent aüné;
Uns castelains les conduisoit.
Quant ceste estoire venir voit,

A sa gent dist: "Or atendés
Tant que il soient arivés.
Quant nous a terre les verrons,
Maintenant les desconfirons."
Quant Wistasces fu arivés,
1925 Tous premerains issi des nés,
Et si compaignon apriés sallent,
Et cil des isles les asallent.
Wistasces vint au castelain
Qui devant vint tout premerain;
1930 Parmi ses tres, ki ke s'en plaigne,
Li a conduit toute s'ensaigne.
"Godehiere", crie Romerel;
Wistasces crie: "Vincenesel!"
Illuecques ot grant poigneïs
1935 Et molt tres fort abateïs,
Que cil molt fort les assailloient,
Et cil molt bien se desfendoient.
Dont commencha une meslee
Et grans et fors et aduree.
1940 Wistasces tint une grant hace
Dont il grans cols fiert en la place;
Maint elme en a esquartelé
Et maint destrier a espaulé;
Fiert a destre, puis a senestre,
1945 De l'estor se fait sire et maistre.
Dist Wistasces: "Or dou ferir!
Par tans les en verrés fuïr."
Bataille i ot et grant et fiere,
Le jor i ot fait mainte biere.
1950 Wistasces d'illuec les jeta
Et tous les isles essilla,
K'il n'i remest riens a ardoir
Ne en castiel ne en manoir,

XX.
Un jour estoit venu le flue.
1955 Wistasces fu a Hareflue
La ou Sainne chiet en la mer;

        Ses galies fist aäncrer.
        En .I. batiel s'en est entrés,
        Lui .XXXisme. de ses privés;
1960 Amont Sainne prist a nagier,
        Aterré sont sans atargier.
        Venus est au Ponciau de Mer,
        Desour le pont ala ester;
        Wistasces eut vestu .I. froc.
1965 Devant lui vit ester Cadoc,
        Le senescal de Normandie;
        .III. cens serghans ot de maisnie
        Por ses pors de Saine garder
        Que li Moignes n'i puist passer.
1970 Wistasces manda .I. barbier;
        Sor le pont se first barbiier.
        Dist Wistasces: "Quel le feriés,
        Se le Moigne aconsiviés?"
        Che dist Cadoc: "Je le feroie
1975 C'au roi de Franche le rendroie,
        Ki le feroit crucefiier

f. 337ro. a.   U pendre ou ardoir ou noier."
        Dist Wistasces: "Par Saint Winape!
        Se vous me donnés vostre cape,
1980 Par tans le vous ensaigneroie
        Et adonc le vous mosterroie."
        Respont Cadoc: "Ma cape arés,
        Se vous le Moigne me rendés."
        Dist Wistasces: "Vous le verrés.
1985 Ostés vo cape; cha donnés."
        Cadoc li a donné sa cape,
        Qui par tans ara non escape;
        Elle ert d'un vair de gris forree,
        Et Wistasces l'a afublee,
1990 Et dist Wistasce: "Or tost montés!
        Il est ichi pres en ces priés."
        Cadoc si monta, lui .XXXisme.,
        Si les mainne Wistasces meïsme
        Es priés sor Le Ponciau de Mer;
1995 Il le fera par tans irer.

.I. faukeour es priés avoit;
Une pieche de pres faukoit.
Dist Wistasces: "Par Saint Vinape!
Se cis faukieres vous eschape,
2000 Jamais le Moigne ne prendrés!
Cadoc cele part est alés,
Il et sa maisnie poignant.
Une raske trouverent grant;
Trestout caïrent en la raske,
2005 Cascuns laidement s'i enraske;
Li cheval i sont dusc'au ventre.
Et Wistasces vint entrementre
A Cadoc, si le salua:
"Sire, fait il, que faites la?
2010 —Vois! dist Cadoc, por la froissure!
Dex te doinst hui male aventure,
Quant tu par chi nous amenas!
Laidement cunchiié nous as."
Wistasces sor son chaperon
2015 Rit de Cadoc a grant fuison.
Or fu Cados molt bien dechus
Quant en la rasque fu keüs;
Lui .XVisme. fu enraskiés,
Et il jura com renoiés,
2020 Et si compaignon autressi.
b. Dist Wistasces: "Par Saint Remi!
Jamais de cel faugier n'istrés,
Se vous mon conseil ne creés."
Et Cados s'escria en haut:
2025 "Fils a putain, malvais ribaut,
Tu nous as mis en mal pelain!
Le mal jor aies tu demain!
Si aras tu se je te tieng!"
Dist Wistasces: "Je ne vous crieng
2030 Tant com vous estes en la raske;
Jesir i poés dusch'a Paske.
Se vous mon conseil ne creés,
Jamais de la raske n'istrés.
Trestous main a main vous tenés,

2035 Sor vos sieles as piés montés;
Se savés saillir as joins piés,
Vos chevaus arés alegiés
Et vous plus delivre serés.
Or le faites, se me creés."
2040 Cil croient le conseil Wistasce,
Cascuns sor se siele l'entasce,
Si s'entretienent par les mains,
Et Cadoc saut tot premerains,
Chiet el faugier dusque as assieles;
2045 Li autre se tienent as sieles.
El faugier saut dusc'au braieul.
Wistasces n'en a mie duel,
Por poi ne se pasme de ris.
Dist Wistasces: "Vous estes pris!
2050 Jamais de chi m'eschaperés,
S'a cordes n'en estes jetés.
—Vois! dist Cadoc, por les trumiaus!
Por le ventre! pour les boiaus!
Por les dens Diu, com sui honnis!"
2055 Wistasces s'escrie a haut cris,
Le faucheor fort apieloit.
Li faukieres vint a esploit,
Jouste Cadoc saut el faugier;
Il i sailli pour lui aidier,
2060 Dusques au çaint i est ferus.
Dist Wistasce: "Or en i a plus."
Cados cuida sans nul ensoigne
Que che fust Wistasces li Moigne.
Dou faucheour ki l'assailli,
f. 337vo. a. 2065 Il l'a maintenant assailli;
Del poing le fiert d'alés l'oreille.
Li fauchieres a grant merveille;
Toute l'oreille li fourmie;
Cados le refiert les l'oïe.
2070 Et il cuida que il fust ivres,
Bien en vausist estre delivres;
En males mains est bien caüs,
Molt fu laidengiés et batus.

Et Wistasces li escria:
2075 "Laissié le ester, coupes n'i a!
Il avoit lassié le faukier
Et vous estoit venus aidier.
C'est ore de bien fait co frait
Quant li faites et honte et lait.
2080 Jou ai non Wistasces li Moigne
Qui vous ai mis en cest essoigne.
Huimais poés assés fouler,
Et je m'en irai vers la mer.
Vostre cape m'avés donnee
2085 Que mal vous ai guerredonnee.
Devant vous me fis barbiier;
Or vous refai ichi peschier.
Or n'en soiés escars ne merde,
Foulés assés en cele merde,
2090 Car anguilles i a assés,
Mais molt forment estes lassés,
Tant avés pris de gros poissons
Que ne les poés metre amont."
Dist Cados: "Se j'estoie fors,
2095 Molt seroit prochainne ta mors.
Jamais ne seroit cunchiiés
Nus hom par vous ne engigniés."
Dist Wistasces: "Manechés vivent;
Entre iaus molt longhement estrivent!"
2100 Wistasces s'est d'illuec partis,
Si se rest en son batiel mis.
Cados a fait tantost crier
Sor le pont au Ponciau de Mer
Que il le viegnent desraissier
2105 U Wistasces l'a fait pescier.
Quant Cadoc fu d'illuec ostés,
.III. [cens] serghans a fait armer;
A Bouloigne s'en va poignant.
b. .C. serghans envoia devant,
2110 Bien i cuida Wistasce prendre,
Mais Wistasces sans plus atendre
Si fist a lui tenser .I. flue.

Wistasces vint a Bareflue;
.XXX. mars ot de tenserie
2115 Es isles et en l'autre partie.
A Bareflue en est venus,
.XXX. cens en a recheüs.
Cados le commenche a sivir,
Mais ne le pot aconsivir;
2120 Il le suioit si et le nés.
Wistasce arriere est retornés
Et .V. batiaus li a tollus;
Cados ne le velt sivir plus.
Cados s'en retorna arriere,
2125 Car la mers li estoit trop fiere.
Wistasces son voile drecha;
Devant Croufaut rataintë a
Une tres bonne riche nef
Qui devant lui sigloit souef.
2130 Wistasce est en la nef saillis,
Chiaus de la nef a assaillis.
Wistasce adont teus les mena
Et teus adont les atorna
Que .IIC. mars en a rechus;
2135 Adont se tinrent a dechus.
Wistasces vint en Engletiere,
Qui molt ot fait de maus en tierre.
Au roi Jehan s'en vint tout droit,
Puis l'apiela a grant esploit:
2140 "Sire, fait il, je voel requerre
Une masure en vostre terre."
Et dist li roi: "Et vous l'arés,
Et le prendés la ou volés.
A Londres vous doins .I. palais
2145 Qui molt est riches et bien fais."
Wistasces l'en a merchié,
Et puis n'i a gaires esté
Ains a fait le palais abatre;
Des ouvriers i mist plus de quatre,
2150 Si fist jeter .I. fondement
Qui bien cousta mil mars d'argent

f. 338ro. a.

Anchois k'il venist desor terre.
Dont i vint li rois d'Engleterre,
Puis dist k'il a el cors la rage
2155 C'a commenchié itel outrage.
.IIII. cens mars li a prestés
A faire tous ses volentés.
Wistasces parfist le palais
Qui molt ert riches et bien fais.
2160 En Engletiere fu li Moigne.
Dont i vint li quens de Bouloigne;
Dou roi de Franche ert mal partis,
Au roi Jehan vint ademis.
Dont s'en vaut revenir li Moigne
2165 Quant il vit Renaut de Bouloigne.
Li rois faisoit gaitier la mer
Que Li Moignes ne puist passer.
Wistasces, ki sot de faviele,
Prist .I. archon od la viele;
2170 Comme menestreus s'en torna
Et sa cotiele coveta.
Une coife ot d'orfroi bendee
Et une verge foulolee.
A la marine vint errant,
2175 .I. marcheant voit atravant.
En la nef sont trestout entré,
Et Wistasces est demouré
Qui molt estoit de grant porpens;
Il joint les piés si sailli ens.
2180 Dist l'estrumiaus: "Dans menestreus,
Vous istrés fors, si m'aït Dieus."
Wistasces respondi li a:
"Voire, quant nous serons de la!
Or ne vous tien ge mie a sage;
2185 Je vous donrai por le passage
.V. estrelins u ma viele.
—De coi fesistes or faviele?
—Je sui jouglere et menestreus,
Petit en trouveriés d'iteus;
2190 Je sai trestoutes les chançons.

Por Diu, Biau sire, passés nos!
Je vieng devers Nohubellande,
.V. ans ai esté en Irlande;
Tant ai beü de la goudale
2195 Tout ai le vis et taint et pale.
Or m'en revois boire des vins
b. A Argentuel ou a Prouvins.
—Comment avés a non, sans gas?
—Sire, j'ai a non Mauferas,
2200 Englisseman de Canestuet.
Ÿa, ÿa, Codidouet!"
Dist l'estrumiaus: "Tu ies Englés?
Franchois cuidoie que fuissiés.
Ses tu ore nule chançon?
2205 —Oïe. D'Agoullant et d'Aimon;
Je sai de Blanchandin la somme,
Si sai de Flourenche de Romme.
Il n'a el mont nule chançon
Dont n'aie oï ou note ou son.
2210 Je vous esbainoiasses bien,
Mais ne chanteroie pour rien,
Car ceste mers molt m'espavente;
Je n'i poroie metre entente
A dire chose ki vausist."
2215 Onques plus nus ne l'en requist,
Si fist li Moignes sa besoigne;
A viespre ariva a Bouloigne.
Lors s'en tourna de maintenant
Comme garchons a pié courant.
2220 Une grant boiste od lui porta,
Unes letres dedens frema;
Il vint au roi, si li moustra.
Li rois les letres esgarda,
Vit que li Moignes ert venus
2225 En Franche et li mande salus;
Au roi Jehan est courechiés,
Ne jamais n'i ert apaiés

2210. Ms.: esbañoiasses.

Pour sa fille k'il a tuee
Et arsë et desfiguree;
2230 Et si est li quens de Bouloigne.
Por chou en vint Wistasces li Moigne,
Qu'il ne velt pas le roi trahir,
Mais molt tres bien le velt servir,
Dist li rois: "S'il est decha mer,
2235 Si le faites a moi parler
Et sauf aler et sauf venir,
Car il i puet molt bien venir
K'il n'ara garde dusqu'ichi."
Et dist Wistasces: "Ves me chi!
2240 —Es tu chou? chou a dit li rois,
En toi a molt petit franchois.
Tu n'ies pas grans, ains ies petis,
Si ies si preus et si hardis;
Tu ses de gile et de barat,
2245 N'i a pas mestier sains de cat.
A moi ne serviras tu mie,
Se tu ne vis de bonne vie."
Dist Wistasces: "Par Saint Symon!
Je ne ferai mais se bien non."
2250 Dont fu li Moignes bons guerriers,

XXI.

Molt par estoit hardis et fiers,
Puis fist il mainte dyablie
Es isles en l'autre partie;
Le roi Loëy fist passer
2255 A grant navie outre la mer;
Si conquist la nef de Bouloigne
Par son cors et par sa personne.
Od lui mena le roi a Dan;
Ses nés perdi li rois cel an!
2260 Wistasce en fu ochoisonnés
K'il avoit traïes ses nés;
Wistasces bien s'en escondi
K'il n'i ot homme si hardi

Qui li osast mie aprouver,
2265 Et ensi l'ont laissié ester.

XXII.

Une autre fois entra en mer
Od grant navie por passer,
Raous de la Torniele od lui,
Si fu Varlés de Montagui.
2270 Wistasces vint en haute mer,
Ki molt estoit et preus et ber;
Plus de .XX. nés devant lui passent,
Et molt durement les assaillent
Od molt grans ars et arbalestres,
2275 Car il ont mis en lor esneques.
Il se desfendent au jeter
Et au lanchier et au bierser;
D'Englés font grant occision,
Bien se desfendent com baron.
2280 Wistasces maint en cravantoit
D'un naviron que il tenoit,
Ki brise bras, ki brise teste;
Chelui occist et chelui verse,
Chelui abat, cel autre foule
b. 2285 Et au tierch brise la canole,
Mais cil de toutes pars l'assalent.
Molt durement si le travaillent,
De grans haces fierent au bort,
Mais cil se desfendent si fort
2290 K'il ne pueent dedens entrer.
Dont commenchierent a ruër
Caus bien moluë en grans pos,
K'il depechoient a lor bors.
La pourriere molt grans leva;
2295 Che fu chou que plus les greva,
Dont ne se porent plus desfendre,
Car lor oel furent plain de cendre.
Cil estoient desor le vent
Ki lor faisoient le torment;

2300 En la nef Wistasce saillirent
Et molt durment les mesballirent.
Tout li baron i furent pris,
Wistasces li Moignes occis;
Il i ot la teste colpee.
2305 Tantost defenist la meslee.

Nus ne puet vivre longhement
2307 Qui tos jors a mal faire entent.

NOTES

(F = l'édition Foerster; M = l'édition Michel)

6. *Toulete:* Tolède avait la réputation d'être le siège d'une école de magie où les sorciers, y compris Basin de Gênes et Maugis d'Aigremont, faisaient leur apprentissage.
18. Ms. + F + M: *caraudes.* On peut bien lire *caudes* (Cf. v. 10) ou au besoin maintenir la leçon du manuscrit.
19. *en l'espee garder:* macharomancie, divination au moyen d'une épée dont on scrutait les égratignures occasionnées par l'usure.
20. F + M: *le.* Il faut noter que le frontispice de l'édition Michel n'est pas une reproduction du manuscrit, mais la reproduction d'une copie.
    Et lo sautier faire torner: lire le psautier à rebours, mais peut-être renverser le psautier ou le missel au cours d'une messe noire.
21. Ms. + F + M: *au*
    par l'espaule a u[n] mouton: haruspicie, divination au moyen du paleron d'un mouton dont on scrutait les striures.
23. *garder el bachin:* divination au moyen d'une cuvette pleine d'eau dans laquelle, après y avoir jeté de l'or ou de l'argent, on entendait des réponses.
26. Ms. + F + M: *enfant suer.* Peut-être serait-il possible d'accepter cette leçon si cela veut dire "donner la tétée à un enfant." Nous nous en méfions.
27. F: S.; M: .S.
41. *Mont Ferrant:* la situation de ce bourg doit rester inexact. Il n'y a que d'indiquer Montferrand (Aude) et Clermont-Ferrand (Puy-de Dôme) qui sont plus ou moins sur la route entre Tolède et Boulogne-sur-mer.
48. F + M: *Wistaces.*
52. F + M: *Wistaces;* M: [*i*].
56. F + M: *Wistaces.*
57-8. Il est à noter que des problèmes occasionnés par les taux d'échange existait au treizième siècle.
59. F: *mout.* Et passim.

63. F + M: *Wistaces*.
65. F: *enfaumenta*.
72. Ce vers a l'air d'être à dessein équivoque.
77. Ms.: *li homme*. Cf. v. 155.
79. F + M: *umbril*.
86. F: *nes[t] eüst*.
90. M: *qu'orent*.
93. F + M: *Wistace*.
98. F + M: *Wistaces*.
121. F + M: *Wistaces*.
124. F + M: *Wistace*.
147. F + M: *Wistace*.
151. Il est évident que notre auteur veut que nous regardions Witasse d'œil favorable.
158. F + M: *Wistaces*.
165. F + M: *Wistaces*.
170. F + M: *auras*.
176. F + M: *Wistace*.
179. F + M: *Wistaces*.
187. F + M: *Wistace*.
203. *Por les boiaus! pour le cerviel!*: on jurait par les parties du corps de Jésus Christ dont on supprimait le nom pour éviter de blasphémer.
210. F + M: *signeurs*.
220. F + M: *Wistace*.
228. F + M: *Wistaces*.
230. F + M: *Wistaces*.
238. F + M: *Wistaces*.
247. Ce vers manque dans les éditions Foerster et Michel.
248. F + M: *Wistaces*.
248-9. *Manechié vivent; entre iaus molt longhement estrivent* — Proverbe. Cf. v. 2098.
250. F + M: *Wistace*.
253. F + M: *Wistace*.
255. F: *muër*.
257. F + M: *Wistaces*.
270. F + M: *Wistaces*.
273. M: *[i] boit*.
277. F + M: *Wistace*.
279. F + M: *Wistaces*.
285-98. *de Basyn et de Maugis*: Basin de Gênes et Maugis d'Aigremont étaient tous les deux des sorciers réputés. Tous deux sont des personnages importants dans plusieurs chansons de geste et épopées chevaleresques, Maugis étant à trouver dans *Maugis d'Aigremont, La Mort de Maugis, Renaud de Montauban* et *Les Quatre fils Aymon*, et Basin dans *Aubry le Bourgoing, Jehan de Lanson, Renaud de Montauban*, et surtout dans le *Basin* perdu.

NOTES

Dans son édition Wendelin Foerster tente d'effectuer un rapprochement (p. 65) entre ces vers de notre roman et un épisode de la chanson de geste, *Jehan de Lanson*, (éd. J. V. Myers, University of North Carolina Studies in the Romance Languages and Literatures, No. 53).

292-3. Peut-être que ces vers font allusion à une épisode du *Basin* perdu.
304. F + M: *Wistasces.*
306. F + M: *Buskés.*
318. F + M: *Wistasces; moignes.*
350. F: *Willaume.*
360. F: *Willaume.*
362. F + M: *Estaples.*
371. *Manesiers fu tantost occis:* il est à noter que c'est l'une des rares occasions, même si ce n'est pas l'unique exemple, où l'innocent est vaincu dans un combat judiciaire. Au Moyen Age on considerait le jugement de Dieu infaillible.
397. F + M omettent *Et.*
404. F + M: *maunier.*
409. F + M: *qu'Uistasces.*
414. F: *mannier.*
429. *Che fu la fine verités:* on doit se méfier des protestations d'un auteur du Moyen Age, mais, les exagérations des éléments folkloriques à part, notre auteur raconte fidèlement les événements historiques.
435. F: *gonne.*
471. F + M: *le.*
475. F + M: *bien.*
479. *de pecheour misericorde* — Proverbe.
484. F + M: *en moigne.*
501. Ce vers manque dans les éditions Foerster et Michel.
510. Ms.: *D'ex.* Peut-être peut-on corriger: *D'eüs?*
519. Ce vers a neuf syllabes, à moins qu'on ne compte deux syllabes pour *asegur.*
531. F + M: *pour.*
532. Ms.: *Ois de.*
533. Il paraît que notre auteur a des connaissances sur les vavasseurs du Boulonnais; tous les personnages du roman sont, en effet, des personnages historiques.
537. F + M: *gaune.*
541. F + M: *gausnes.*
579. F + M: *sa.*
580. F + M: *aprés.*
585. F + M: *cachoit.*
606. F: *bieu.*
618. F + M: *près.*
627. F + M: *genous.*
647. F + M: *Uistace.*

651. *Belu, belu:* voici le seul exemple qu'ont relevé Godefroy et Tobler-Lommatzsch. Cependant, il est évident que ce n'est qu'une onomatopée.
652. Ce vers manque une syllabe: *languë?*
667. *esfordris:* voici le seul exemple de ce verbe qu'ont relevé Godefroy et Tobler-Lommatzsch. Selon le contexte il n'y a pas de doute que *esfordrir* = élever.
684-5. *k'il avoit trahi/Son signor:* peut-être doit-on lire: *la traïson/Del garchon ki l'avoit trahi,/Son signor.*
688. F + M: *en*
691. *doner le hart au poivre:* Proverbe?
699. F + M: *fait.*
707. *mal sés:* Cf. la locution anglaise, ou plutôt anglo-irlandaise, *bad cess.*
748. Ms. + F + M: *entra en esrant:* peut-être un exemple d'un pluriel suivi d'un verbe au singulier, mais nous croyons qu'il vaut mieux corriger.
768. F: *trumiaus.*
770. F + M: *moigne.*
777. F + M: *li Moignes.*
836. F + M: *suii.*
846. F: *Dé.*
868. Il est à noter que Witasse paie tout ce qu'il prend aux pauvres.
874. F + M: *moigne.*
 la lanbeue: le seul exemple relevé par Godefroy et Tobler-Lommatzsch. Le contexte n'aide guère à trouver la signification du mot, mais nous proposons *astuce.*
921. F + M: *suis.*
959. F + M: *.LX.*
960. Ms.: *vit;* F + M: *vint.*
976. F + M: *Uistasces.*
998. F + M: *Qu'.*
1016. F + M: *carchiés.*
1028. F + M: *la gens.*
1042. F + M: *Wistasce.*
1085. M manque *est.*
1091. F: *esporons.*
1115. *Ja nus hom se garira qui tant de mestiers enprendra:* Proverbe.
1130. F + M: *par.*
1132. F + M: *encontrerés.*
1151. F + M omettent *je.*
1173. F: *sievir.*
1179. F + M: *refist.*
1199. *bareter:* le seul exemple relevé par Godefroy et Tobler-Lommatzsch. Selon le contexte il n'y a pas de doute que ce mot veut dire *foutre.*

1208. F: *li lieve.*
1230. F + M: *Marie.*
1236. F + M: *siut.*
1241. *Tant grate kievre qui mal gist:* Proverbe.
1251. F + M: *Il [l'] a mené.*
1260. F + M: *entendus.*
1275. Ms.: *tossi.*
1303. *Sainte Marie au Bos:* jusqu'ici nous n'avons pas retrouvé un bourg ou un hameau de ce nom dans les environs de La Capelle. Il est probable que ce *Sainte Marie au Bos* était une église.
1305. F: *compagnie.*
1310: F: *la cotiele .*
1344. F + M: *serpe.*
1395. F + M: *encore.*
1401. F: *potence et flavel;* M: *et potente.*
1426. M: *de Hiekie.*
1430. F + M: *Bouloingne.*
1441, 1452, 1454. F: *offrande.*
1489. M: *n'el.*
1495. F + M: *Wistasce.*
1515. F + M: *Qu'.*
1541. F + M: *tu.*
1550. F + M: *carpentiers.*
1559. *Quels hom est chou ki par la passe?:* doit-on corriger? En effet le sujet du verbe est *chou.*
1575. F + M: *tretous.*
1602. Ms.: *en menra;* F: *en menrai;* M: *enmenrai.*
1636. F: *bieu!*
1661. F: *suens.*
1670. F + M: *Guillaume.*
La conduite des vassaux envers leur seigneur touche à la révolte et dit beacoup en faveur de la justice de la cause de Witasse.
1677. M: *n'el.*
1679. F + M: *Ou.*
1698-1705. Ces vers renferment une réprimande extraordinaire addressée à son seigneur par un vassal. En effet Wales de La Chapiele menace le comte de Boulogne de façon qu'on doit croire que ces vers renferment le jugement de ses contemporains sur Renaut de Dammartin.
1733. F + M: *Mosteruel.*
1742. F + M: *moigne.*
1749. M: *n'el.*
1757-1759. La leçon du manuscrit est illisible: *Li abbe ... k'il soit ivres/ Il l'a ... t douchement/ Dist ...s. as... alés vous ent.*
1757. F + M: *[cuide].*
1758. F: *Il l'a ... [mou]t douchement.*
M: *Il l'a ... [mol]t douchement.*

1759. F: *Dist [a l'abes]*.
M: *Dist [a l'abés]*.
1769. F + M: *escouce*.
1770. M: *pus*.
1773. F: *corchiés*.
1774-1777. Les pensées de l'auteur soulignent une bizarre courtoisie chez Witasse. Francisque Michel était le premier à citer la pareille aventure de Robin Hood: *A lyttel geste of Robyn Hode*, éd. Joseph Ritson, Londres (William Pickering), 1832, t. 1, p. 44. Voir aussi L. Jordan, "Quellen und Komposition von Eustache le Moine," *Archiv fur das Studium der nueren Sprachen und Literaturen*, CXIII (1903), 66-100; CXIV (1906), 375-381.
1804. F: *k'i[l]*.
1818. F: *flaonniers*.
1819. M: *basteliers*.
1827. *samelles*: le seul exemple relevé par Godefroy et Tobler-Lommatzsch. Evidemment, une sorte de crêpe ou galette.
1843. F: *une*.
1850: M: *ot orent*.
1863: F + M: *empaste*.
1906. M: *Oïe*.
1926. M: *apres*.
1932. "*Godehiere*," crie Romerel. Selon Francisque Michel, *Godehiere* n'est autre chose que ce qui signifie *bon seigneur* en anglo-saxon; nous trouvons cette proposition peu probable. Dupont a postulé que ce serait l'équivalent saxon du cri de guerre normand: *Diex aïe!* = *God help!* Aussi il est possible de croire que ce terme veut dire: *God is here!*

Ahier a noté que ce nom était originaire de l'île de Jersey. Nous remarquons qu'on peut au besoin interpréter ce vers: *Godehiere crie, "Romerel!"*
1933. *Vincenesel*. Selon Michel ce mot serait composé des mots anglais *Vincence* et *help* et signifie: *Aidez-moi, Saint Vincent!* Dupont a noté que c'est la forme latine de *Winchelsea*, port de mer et l'un des Cinque Ports.
1958. F + M: *bastiel*.
1961. F + M: *a terre*.
1987. F + M: *son*.
1990. F + M: *Wistasces*.
1991. F + M: *priés ... pres*.
1996-1997. F + M: *pres ... pres*.
2014. F: *sos*.
2022. F: *fangier*.
2041. F: *s'estasce*.
2044, 2046. F + M: *fangier*. Et passim.
2050. F + M: *n'eschaperés*.

NOTES 107

2053. F + M: *por.*
2055. F + M: *cri.*
2070. F + M: *qu'il.*
2080. M: *moignes.*
2098. F: *Manechiés*
Manechés vivent! entre iaus molt longhement estrivent — Proverbe. Cf. v. 248.
2107. Cf. vv. 1967 et 2109.
2120. M: *sivoit.*
2127. F: *Croufaud.*
2155. F + M: *ouvrage.*
2175. M: *a Travant.*
2181. F + M: *Deus.*
2188. F + M: *suis.*
2194. *goudale:* corruption ou transcription des mots anglais *good ale.*
2201. *Codidouet:* corruption ou transcription des mots anglais *God it wot!* = *Dieu le sait!*
2210. F: *esbainoiasse;* M: *esbainoiasses;* Ms.: *esbañoiasses.*
2213. F + M: *porroie.*
2215. F + M: *le requist.*
2228. Cf. *Documentation,* no. 29.
2231. Le vers a neuf syllabes?
2238. F: *dusqu'a chi.*
2249. M omet *mais.*
2256. *la nef de Bouloigne:* immense navire fortifié, prototype des navires de guerre des quinzième et seizième siècles.
2258. F: *a dan;* M: *Adan.* Voir p. 12 de l'introduction.
2269. M: *varlés.*
2280. F + M: *craventoit.*
2284. F: *afole.*

APPENDICE

Documentation

1. *Charte de Ide, comtesse de Boulogne, en faveur de l'abbaye de Saint-Josse-sur-Mer, 1182.*

    Ego Ida, Bolonie comitessa... huic rei testes affuerunt magister Soibrandus, Clerembaudus de Tiembrone et Willelmus filius eius, et *Balduinus Busket*... et multi alii. (Bibliothèque Nationale, ms. lat. 11926, f. 39vo.).

2. *Charte de Ide, comtesse de Boulogne, en faveur de l'abbaye de Licques.*

    Ego Yda, comitissa Boloniensis... Actum Incarnationis Dominice anno M.C.LXXX.III., in conspectu hominum meorum quorum ista sunt nomina: ...*Balduinus Busket*... (Haigneré: *Chartes de Notre-Dame de Licques*, Mém. Soc. Acad. de Boulogne, XV, 57).

3. *Charte de Ide, comtesse de Boulogne, en faveur de l'abbaye d'Andres, 1183.*

    Ego Ida, comitissa Boloniensis... Huic concessioni et confirmationi interfuerunt... *Batoninus Busketh*... et multi alii. (*Chronique de Guillaume d'Andres*, voir Dachery: *Spicilegium*, II, 815).

4. *Charte de Ide, comtesse de Boulogne, 1190.*

    ...Signum comstabularii de Ermelengem, S. *Balduini Busket*... Actum anno dominice incarnationis M.C.LXXXX. (Archives du département du Pas-de-Calais, A 5^2, chartes d'Artois).

5. *Ide, comtesse de Boulogne, exempte Guillaume de Béthune, seigneur de Tenremonde, et ses gens, de tous tonlieux et coutumes sur ses terres, 1188/90?*

    Baudouin Busket y est nommé comme témoin. (J. de Saint-Génois: *Monuments anciens*, I, 1ere partie, p. 486, (Chambre des comptes de Lille.), Paris, s. d.).

APPENDICE

6. *Renaud, comte de Boulogne, conclut un traité avec Richard, roi d'Angleterre. (Recueil des Historiens des Gaules et de la France,* t. XVIII, p. 94; et *Rotuli chartarum, 30).*

7. *Renaud, comte de Boulogne concède une charte à Hugues de Roye, Bernieulles, juillet, 1199.* Guillaume de Fiennes et Guillaume de Montcavrel y sont nommés. (Henri Malo: *Renaud de Dammartin,* Paris, 1898, p. 316).

8. Ad praeceptum eiusdem comitis Boloniae Reinaldi, in expeditione regis Franciae Philippi contra Joannem Anglorum regem in Normannia apud Radepontem commorantis, Eustacius Monarchus de cohorte sive de cursu Boloniae tunc senescallus populum Mercuritici territorii, tam equites quam pedites, convocavit, etc. (*Recueil des Historiens des Gaules et de la France,* t. XVIII, p. 587).

9. Rex omnibus ballivis portuum maris, etc. Mandamus vobis quod, si Eustachius Monachus non reddiderit Willelmo Le Petit navem suam quam cepit, sicut illi mandavimus, sitis eidem Willelmo in auxilio quod illam habeat ubicumque illam invenerit in terra nostra. Et in huius rei testimonium has litteras nostras patentes inde vobis mittimus. Teste W. de Wroth, archidiacono Tautoniensi, apud Suhamton .xiii. die aprilis (A. D. 1205, an. 7° Johann.). (*Rotuli selecti ad res anglicas et hibernicas spectantes ex archivis in domo capitulari West-Monasteriensi deprompti cura* Josephi Hunter, s. a. s., (Londres), 1834, p. 26).

10. Rex, Angero de Sandwico, etc. Mandamus tibi quod denarios quos Eustachius le Moyne et homines justicie arestaverunt, quos habes in custodia, liberes dilecto nostro W. archidiacono Tantoniensi, cistodiendos, quia mandavimus ei quod illos a te recipiat. Teste me ipso, apud Gillingeham xiii. die novembris. Per Philippum de Lucy (A. D. 1205, anno 7° Joannis). (*Rotuli litterarium clausarum in Turri Londinensi asservati,* accurante Thoma Duffus Hardy, (Londres), 1833, p. 57).

11. Mandatum est W. archidiacono Tottoniensi quod denarios quos Eustachius le Moyne et homines justicie arrestaverunt, quo Angerus de Sandwico habet in custodia, capiatis ab eodem Angero custodiendos, in manu domini regis, quia mandatum est ipsi Angero quod illos eidem W. liberet. (A la suite de la précédente, au bas de la col. 1).

12. Rex, omnibus ballivis portuum maris et aliis ad quos presentes littere pervenerint, etc. Sciatis quod concessimus Eustachio Monacho quod salvo et secure possit venire in terram nostram, et stet ibi et redeat usque ad octabum sancti Johannis Baptiste, anno, etc. viii°; ita

tamen quod respondeat mercatoribus de terra comitis Namurci et de terra nostra et aliis, si qui de eo conquesti fuerint de toltā qua eis fecerit. Teste, Gaufredo filio Petri, apud Portesmuth .xxv. die mai. (*Patent Rolls,* A. D. 1206, an. 8.º Johann.).

13. Rex, omnibus, etc. Sciatis quod concessimus Eustachio Monacho salvum et securum conductum, in veniendo in terram nostram Anglie et in morando ibi et redeundo, usque ad Pentescosten, anno regni nostri nono. Et in huius rei testimonium has litteras nostras patentes ei fecimus. Teste, Gaufredo filio Petri, apud Geldeford .vi^a. aprilis. (*Patent Rolls,* A. D. 1207, anno regis Johannis nono, no. 4).

14. Die Veneris proxima apud Hortum... Jacobo fratri Eustachii Monaci eunti in Flandriam in nuntium domini regis, ii. marcas. Per episcopum wintaniensem. (*Rotulus misae,* 11.º Johannis, A. D. 1209).

    Die dominica proxima ante festum sancti Barnabae apostoli, apud Roffam... Eustachio Monaco de dono xl. marcas. Per regem. (*Rotulus misae,* 11.º Johannis, A. D. 1209).

    Die Jovis ibidem (id est in festum sancte Marie Magdalene), Jake fratri Eustachii Monaci de dono xx. solidos. Per regem. (Ibidem).

    Die Lune proxima post assumpcionem Beatae Marie... apud Pontefractum... Eustachio Monacho de dono decem marcas, lib. sen. (Ibidem).

15. Sciant omnes ad quos presens charta parvenerit quod ego R[enaldus] comes Boloniae et Ida comitissa uxor mea unam villam constituimus apud Ambleteuuam et hominibus concessimus et dedimus communiam ad usum et consuetudinem Bolloniae.

    ... ...

    Actum anno dominicae Incarnationis millesimo ducentesimo nono, testibus *Willelmo de Fielnis,* Guidone Deschamps, Anselmo Buticulario, Guidone de Bellebronne, Anselmo de Longavilla, *Eustachio Monacho, Honfredo de Honbreuq,* Petro (de) Bornovilla, Morsello tunc Senescallo et plurimis aliis. (E. T. Hamy: *Bulletin de la Société académique de Boulogne,* no. 1, 1866).

16. A. D. 1211.

    ... et tunc mense Martio, venerunt ad regem in Angliam Henricus frater imperatoris Otonis, et comes de Hollande, et comes Boloniae. Et rex Franciae cepit omnes naves Angliae quae applicuerunt in terra sua; et ideo rex Angliae cepit multos de Quinque-Portubus. Et tunc Eustachius pirata, dictus Monachus, aufugit a nobis ad regem Franciae cum quinque galeis, quia comes Boloniae insidiabatur ei. (*Chronicon sive Annales prioratus de Dunstaple,* Oxford, 1733, part. 2, p. 58; et *Annales de Dunstaplia,* p. 34).

APPENDICE 111

17. *Liste de proscrits et de ceux qui ont juré de les poursuivre, 1209/10.*
De abjuratione Hugonis de Bova.

Hec est forma sacramenti quod fecerunt comes Bolonie et comes Pontivi quod ipsi abjurabunt Hugonem de Bova, advocatum de Braci, *Eustachium Monachum,* Manassem Chauderon, Petrum de Nigella et eorum coadjutores et alios predones terre. Illos eciam quando cicius poterunt competenter bona fide abjurari facient ab omnibus militibus et hominibus et villis suis, et quod si illi in terras eorum vel in terras domini regis venerunt, ubi habeant posse de eis arrestandis vel impediendis, de illis arrestandis vel impediendis posse suum facient, et eos tradent mandato domini regis.

Isti juraverunt: comes Pontivi, *comes Bolonie,* vicedominus Pinquinaci, *Robertus de Tornella,* Radulfus de Claromonte. (Archives Nationales, JJ, 7 et 8, f. 89vo; JJ, 9a, f. 85vo.).

18. *Charte d'Alliance de Jean, roi d'Angleterre, avec Renaud de Dammartin comte de Boulogne. Lameheiam, 4 mai 1212.*

Johannes, Dei gratia rex... Testibus... Eustachio de Moines... Datum per manum magistri Ricardi de Marisco, apud Lameh[eiam], quarto die maii, anno regni nostri decimo quarto. (*Rotuli Chartarum, 186*).

19. *Literae de homagio per Reginaldum Boloniae comitem Joanni Angliae regi praestando contra Philippum Francorum regem.* (*Rotuli Chartarum, 186.* 14.° John. M. 7). Eustache Le Moine y est nommé comme témoin le 4 mai 1212.

20. Rex, vicecomiti Norfolcie, etc. Scias quod dedimus respectum Eustachio Monacho de xx[ti.] marcas quas nobis debet usque ad festum sancti Andree, et ideo tibi mandamus quod demandam quam ei inde facis ponas in respectum usque ad predictum festum; duas autem marcatas terre unde idem Eustachius saisitus fuit in balliva tua et quam cepisti in manum nostram ipsum in pace habere permittas quamdiu fuerit ad presens in servicio nostro, et quamdiu nobis placuerit. T. G. filio Petri, apud Westmonasterium .xiii. die octobris, per eundem coram barones de Scaccario. (A. D. 1212, an. 14.° Johann.), (*Close Rolls,* t. 1, p. 126, col. 1).

21. Rex, constabulario castri Porcestrie, salutem. Mandamus tibi quod milites et fratrem Eustachii Monachi quos homines Philippi de Albiniaco duxerunt usque Porcestriam, salvo custodias in castro predicto, eodem modo videlicet quod inde velis et debeas respondere et invenias eis ad commendendum de suo quamdiu habuerunt unde hoc fieri possit. Et si voluerunt, invenias eis nuncium unum ad eundum ad amicos suos qui eis necessaria inveniant. Servientes

autem .xiii. qui praeter predictos adducti sunt liberes vicecomiti Sudhamptoniensi ducendos usque Wintoniam, sicut el mandavimus. Teste, me ipso, apud Sanctum-Edmundum .iiii. novembris. (A. D. 1214, an. 16.° Johann.), (*Close Rolls,* t. 1, p. 177, col. 1).

22. Rex vicecomiti Sudhamptonie, salutem. Mandamus vobis *(sic)* quod recipias de constabulario Porcestrie quatuordecim servientes qui capti fuerunt in insula de Serke, quos tibi liberabit, et illos sub salva custodia ducatis Wintoniam et ibi eos liberes Matheo de Wallopio. Et ei mandavimus quod illos de te capiat. Teste, me ipso, apud Sanctum-Edmundum, quarto die novembris. (Ibidem).

23. Rex Matheo de Wallopio, salutem. Precimus tibi quod recipias quatordecim servientes qui capti fuerunt in insula de Serk, et illos in salvo in fundo carceris custodias. Has litteras, etc. Teste, me ipso, apud Sanctum-Edmundum, .iiii. die novembris (A. D. 1214, an. 16.° Johann). (Ibidem).

24. Rex, etc. W. thesaurario et G. et R. camerario, salutem... Et liberate Rogero de Chauton et Terrico de Arden qui duxerunt fratrem et avunculum Eustachii Monachi prisones de insula de Sarke, quadraginta solidos, per eundem episcopum (Petrum Wintoniensem episcopum) ... Teste, domino Wintoniensi episcopo, apud Westmonasterium .iiii. die novembris (A. D. 1214, an. 16.° Johann). (*Close Rolls,* t. 1, p. 175, col. 2).

25. His ita se habentibus, rex Francorum per literas de constantia hortatur et unanima concordia et virili instantia, promittens eis suppetias quantum, salvis treugis quae inter ipsum et regem Johannem erant, eis subministrare poterat. Spondet quoque quod neminem de omnipotestate sua permittet venire in auxilium regis contra barones; machinas etiam suas bellicas per Eustachium Monachum eis transmissit, etc. — Ex Radulphi Coggeshale abbatis Chonico Anglicano. (*Recueil des Historiens des Gaules et de la France,* vol. XVIII, p. 108, ligne 9).

26. Rex, constabulario Porcestrie, salutem. Mandamus tibi quod sine dilatione liberes presencium latoribus, fratri Hugoni de Sancto-Wolmaro et Bensom clerico, prisones subscriptos qui capti fuerunt in insula de Serk et sunt in custodia tua, scilicet: Isaac de Wyrle, Baldewinum de Alvingeton, Baldewinum de Werchin, Arnulfum de Asincort, Bric de Brunesverd et Jacobum fratrem Eustachii Monachi. Et ex hoc capias ab eisdem presencium latoribus literas suas patentes et testificantes quod eos receperint, et literas illas nobis sub festinatione mittas. Hoc autem totum fiat per visum et testimonium, etc. Teste, me ipso, apud Londonias apud Novum Templum Lond. .vii. die januarii, anno regni nostri ut supra (xvi.°, A. D. 1215). (*Patent Rolls,* 16th John).

27. Rex, Joscelino de Montibus, constabulario Porcestrie, etc. Mandamus vobis quod, statim visis litteris istis, deliberetis a prisona omnes illos qui capti sunt in insula de Serke, homines videlicet Eustachii Monachi, si adhuc in prisona nostra apud Porcestriam detinentur. Nec omittatis eos deliberare, licet nomina eorum in litteris presentibus non imprimantur, quod nomina eorum ignoramus. Et in huius, etc. vobis mittimus. Teste, me ipso, apud Novum Templum Londonias, .xx. die aprilis, anno regni nostri .xvi.° (*Patent Rolls*, A. D. 1215, 16th John).

28. Mandatum est vicecomiti Norfolcie quod faciat habere Willelmo de Cuntes terram que fuit Eustachio Monacho in Swafham, que est de honore Britannie, quam dominus Rex ei concessit. Teste, me ipso, apud Lincolniam .xxiii. die februarii. (A. D. 1216, an. 17.° Johann.). (*Close Rolls*, vol. 1, p. 248, col. 2).

29. DELIBERACIO OBSIDUM

Rex, abbatisse de Wilton, salutem. Mandamus vobis quod liberetis Eustachio Monacho filiam et absidem suam quam habetis in custodia. Et in huius, etc. Teste ut supra (Teste rege, apud Runimed, .xxi. die junii, anno regni eiusdem .xvii.°) (*Patent Rolls*, 17th of John).

30. Rex, Wilielmo de Albrincis, salutem. Sciatis quod, si veneritis ad nos, nos remittimus vobis omnem iram et indignacionem quam erga vos concepimus usque in hodiernum diem, sive pro Eustachio Monacho qui applicuit apud Folkestan, sive pro aliis. Et damus vobis salvum conductum nostrum in veniendo ad nos, morando et recedendo et omnibus illis qui vobiscum venient. Et in huius rei testimonium, etc., vobis mittimus. Teste, me ipso, apud Doveram .xviii.ᵃ die septembris, anno regni nostri .xvii.°. Per dominum Wintoniensem episcopum. (*Patent Rolls*, 17th of John, memb. 16, no. 54).

31. Burgenses etiam de Quinque-Portubus navali exercitu homines, arma et victualia, quae Lodowicum sequebantur, interceperunt; et sic factum est praelium non solum in terra sed etiam in mari. Nam Eustachius dictus Monachus, pyrata fortissimus, et Galfridus de Luchi (vel Luci) ex parte Lodowici insulas regis ceperunt, et multas seditiones ei moverunt. (*Chronicon sive Annales prioratus de Dunstaple*, Oxford, 1733, 2.ᵉ partie, p. 58).

32. Per terram nostram propriam conductum libenter praestabo; sed si forte incideris in manus Eustachii Monachi, vel aliorum hominum Ludovici, qui custodiunt semitas maris; non mihi imputes, si quid

sinistri tibi contingat. (*Mattahei Paris Historia major*, éd. Guil. Wats., Londres, 1640, t. 1, p. 281, ligne 41; et aussi *Recueil des Historiens des Gaules et de la France*, t. XVII, p. 721, E.).

33. Venientes igitur universi (Ludovicus ac sui) ad Caleis portum, invenerunt ibi sexcentas naves, et quater viginti coggas bene paratas; quas Eustachius Monachus contra adventum Ludovici ibidem congregaverat. (*Recueil des Historiens des Gaules et de la France*, t. XVII, p. 722, B.).

34. Ludovicus, filius Philippi regis Franciae, transmisit a Calesia, ubi in eius adventum dictum Monachus 600 naves et 80 coggas bene paraverat, ad Thanet in Cantia. — Ex historia Gervasii monachi ecclesiae Christi Cantuariae. (*Johannis Lelandi Collectanea*, t. 1, part. 1, p. 265, Oxford, 1715).

35. Rex Johannes, nimeo terrore et timore perterritus, non multo post mortuus est. Barones Angliae Henrico filio Johannis regis Angliae statim adhaeserunt, Ludovicum turpiter relinquentes, spreto moderamine juramenti quod ei fecerant. Comperta ab eo proditione Anglorum, Ludovicus rediit in Franciam. (*Recueil des Historiens des Gaules et de la France*, t. XVII, p. 114, B.).

36. Et quant li rois Jehans vit que il perdoit ensi sa terre, si manda ses barons et lor cria merchi, et dit que il lor amenderoit a lor volonté et meteroit tout son regne en lor main, et toutes ses forteresches, et pour Dieu il euscent merchi de lui.

Quant li baron le virent ensi humiliiet si lor en prist pités, et on dist piecha: Vrais cuer ne puet mentir et mult aime mieux son droit seignour que .I. estrange. Si prisent de lui le sairement que il s'amenderoit a lor volonté et meteroit son regne en lor mains, et furent bien saisis des forteresches et vinrent a monseignor Loeis et li disent: "Sire, sachiez de voir que nous ne porriemes plus souffrir le damage nostre roi, quar il se vient amender envers nous, et bien sachiez que nous ne serons plus vostre aidant, anchois serons contre vous."

Quant mesire Loeys les entendi si fut molt courouchiés et lor dist: "Comment, biel seignour! dont m'avez-vous traï?" Et ils respondirent: "Il vient mult miex que nous vous falons de couvenant que nous laissons nostre seignour exillier et destruire; mais pour Dieu! ralés-vous-ent, si ferez que sages; quar la demourée en ces païs ne vous est preus."

Quant mesire Loeys vit que autrement ne pooit estre, si fist atourner sa navie et s'en revint en France, et ne pot estre rassols dusques adont que li ostages fussent rendu. (*Chroniques de Normandie*, Musée Britannique, Old Royal 15. E. VI.)

37. Et per idem tempus romanus legatus dictus Gualo Ludovicum et ei adhaerentes excommunicavit; unde magnam Anglorum partem ab eo avertit, sic quod Ludovici pars multo inferior effecta est. Quocirca tractabatur de eius in Gallias reditu, et pro impensis mille sterlingorum libris donatus, pacifice, et cum procerum magna societate ad mare associatus est. (Jean Mair: *Historia majoris Britanniae, tam Angliae quam Scotiae,* Edimbourg, 1740, p. 142).

38. Igitur in die apostoli sancti Bartholomaei, classis Francorum Eustachio Monacho viro flagitiosissimo commissa est: ut eam sub salvo conductu ad urbem Londoniarum conduceret et integram Ludovico praesentaret. Ingressi itaque mare milites supradicti, habuerunt a tergo flatum turgidum, qui eos versus Angliam vehementer urgebat; sed insidias paratas sibi penitus ignorabant. Cum itaque rapido volatu multam maris viam emensi fuissent, piratae regis Angliae ex obliquo venientes, recensentes in parte adversa naves quaterviginti magnas, et plures de minoribus et galeis armatis bene timuerunt bellum conserere navale cum navibus paucis, quae inter galeias et naves alias numerum quadragenarium non excesserunt, computatis omnibus; sed tandem de casu, qui apud Lincolniam acciderat, in quo pauci de multis triumpharunt, animati, audacter a tergo irruerunt in hostes. Quod cum Francigenae cognoverunt, ad arma prosiliunt: et hostibus viriliter, licet non utiliter, restiterunt. Philippus quoque de Albeneio et balistarii cum sagittariis, inter Francos tela mortifera dirigentes innumeram ex obstantibus in brevi stragem fecerunt. Habuerunt praeterea galeias ferro rostratas, quibus naves adversariorum perforantes, multos in momento submerserunt. Calcem quoque vivam et in pulveram subtilem redactam, in altum projicientes, vento illam ferente, Francorum oculos excaecaverunt. Fit gravissimus inter partes conflictus: sed pars Francorum quorum usus non fuerat praelium navale conserere in breve erat funditus infirmata. Nam ab Anglis bellatoribus et in marino praelio eruditis, telis confodiebantur et sagittis, lanceis perfodiebantur, cutellis jugalabantur, gladiis trucidabantur, navibus perforatis mergebantur, calce caecabantur, spes auxilii et succursus penitus evacuabantur, fuga non patebat: unde multi, ne caperentur ab hostibus vivi, sese sponte in maris fluctibus projecerunt, eligentes potius mori, quam arbitrio et voluntate adversariorum tractari, secundum illud Senecae: *Arbitrio inimici mori, est bis mori.* Omnibus igitur subjugatis, qui vivi remanserant ex nobilioribus Francigensis, victores Angli naves omnibus viribus obtentas, funibus colligabant atque cum laetissima victoria versus Doveram aequora sulcantes, Deum in suis operibus collaudabant. Videntes ergo milites castelli inopinatam Dei virtutem, exierunt obviam venientibus Anglis: atque Gallos infelices vinculis arctioribus constrinxerunt. Inter caeteros autem, de fundo et sentina cuiusdam navis extractus est, diu quae-

situs, et multum desideratus Eustachius Monachus, proditor regis Angliae et pirata nequissimus. Qui cum se deprehensum cognovisset, obtulit pro vita sua et membris inestimabilem pecuniae quantitatem: et quod de caetero sub rege Anglorum fideliter militaret. Quem arripiens Richardus, filius regis Johannis nothus, ait: "Nunquam de caetero falsis tuis promissionibus quemquam in hoc saeculo seduces, proditor nequissime"; et sic educto gladio caput eius amputavit. (Matthaei Paris: *Historia major*, p. 298; et aussi *Recueil des Historiens des Gaules et de la France*, t. XVII, p. 740s, B.).

39. Acceptis igitur secum praelectis militibus, videlicet Henrico de Turbevilla et Ricardo Suard cum quibusdam aliis, sed paucis, optimam navem intravit habens secum quosdam de Quinque-Portubus maris peritos. Erant autem nutui suo circiter XVI naves bene communitae, sine naviculis communitantibus, quae ad XX sunt recensitae. Perrexerunt igitur audacter, obliquando tamen dracenam, id est, *loof*, ac si vellent adire Calesiam. Quod cum vidisset Eustachius Monachus dux Francorum, ait: "Scio quod hi miseri cogitant Calesiam quasi latrunculi invadere, sed frustra; bene enim praemuniuntur." Et ecce Angli subito, cum comperissent ventum exhausisse, versa dracena ex transverso vento jam eis secundo, irruerunt in hostes alcriter, et cum atigissent puppes adversariorum, uncis [et anchoris]* injectis, attraxerunt eas ad se, et intrantes quantocius, securibus Praeacutis praeciderunt rudentes et antennas malum supportantes, et cecidet velum expansum super Francos ad instar retis super aviculas irretitas, et nobilioribus parcendo incarcerandis, in frusta caeteros detruncabant: inter quos Eustachium, qui se defiguraverat, quem etiam in sentina invenerunt latitantem, extraxerunt et decollaverunt... Cum autem Hubertus victor miraculosus ad littus laetus pervenisset, perrexerunt ei obviam omnes episcopi qui erant cum militia et populo, sacris induti vestibus, cum crucibus et vexillis, cantantes solemniter et Deum collaudantes. (*Recueil des Historiens des Gaules et de la France*, t. XVII, p. 741, note (a); et aussi Musée Britannique, Ms. Royal, 14. C. VII qui ajoute [et anchoris]*).

40. La tête d'Eustache fut portée sur une pique (ou un pieu) par toute l'Angleterre. (*Annales de Trivet*, Oxford, 1719, t. 1, p. 169).

41. Vigilia sancti Bartholomaei apostoli, x kal. septembris, Eustachius cognomento Monachus, cum multis aliis in mari decapitatus est, et decem magnates cum pluribus nobilibus capti sunt, et omnes naves hostium fere centum quae ibi erant, aut captae sunt, aut submersae, quindecim tantum de omni navigio fuga elapsis. Auctores huius facti fuerunt Richardus, filius Johannis regis et Hubertus de Burgo, et nautae Quinque-Portuum cum XVIII navibus tantum. (*Recueil des Historiens des Gaules et de la France*, t. XVIII, p. 205, E.).

42. Guillaume le Breton: *Gestes de Philippe-Auguste:* Robertus de Corteneïo, cognatus regis, et multi alii magni viri, collecto exercitu, mare ingressi sunt ut succurerent Ludovico. Dum autem essent in medio mari, compererunt paucas naves levi cursu de Anglia venientes; quibus compertis, fecit Robertus de Corteneïo navem in qua erat, dirigi ad eas, credens de facili eas occupare posse. Naves autem aliorum sociorum ipsius non sunt secutae eum. Sola ergo navis, congressa quatuor navibus anglicis, in brevi superata et capta est, et Eustachius cognomento Monachus, miles tam mari quam terra probatissimus, et Droco Romam rediens clericus, et multi alii qui in eadem navi capti fuerunt, decollati sunt. (*Recueil des Historiens des Gaules et de la France,* t. XVII, p. 111, B.; voir aussi t. XVIII, p. 356, B.; et p. 361, D.).

43. Franci vero in manu valida et navium multitudine copiosa venientes vice prima in media maris victoriam adepti optatum litus possederunt; sed vice versa a domino disponente congregatis undique nautis iterum in medio maris ad invicem obviantes congressione facta Angli victoriam obtinuerunt et archipiratam Francorum Eustachium Monachum militem quemdam cognomine Matheum appellatum cum aliis innumeris occiderunt. (Musée Britannique, Cod. Cott. Claudius, D. VII, fol. 176vo., col. 1, l. 36; et aussi Mss. Harley, 96, ff. 121-180, 3424 et 3425).

44. *Adventus Eustachii Monachi cum multis armatis de Francia proceribus* Memes cest an, le jur Seint Barthelmeu le apostole, sur Angletere vint oue graunt navie en la costere de Sandwiz un moygne appellé Eustace, e en sa compaygnie plusurs grauns du poer de Fraunce, en seure esperaunce tost la tere avory cunquys plus par la queytitise de cel moygne apostata ke de lure force, kar trop de nigromaunce savoyt. Dunt se fierent tuz tant en ces pramesses par la pruve des voydies ke mustré lur avoyt en lur pays, ke femmes et enfauns plusurs en lurs bers ovekes eus menerent pur la tere tost enhabiter; e kaunt en la havene de Sandwis vindrent plusurs de ceus neefs, ver les pout-hum apertement tuz hors pris cele neef ou dediens estoyt Eustace: sur cele de sa sorcerie taunt fest avoyt ke veuwe ne pout estre de nul humme. Si n'y apparust riens ou cele neef estoyt flotaunte si nun soulement euwe ou remenaunt de la mer semblable. Dunt les gens de la vile de cel host sy sodeynement venu trop estotent affrays; si n'avoyent lors poer as enemis rester suffisaunt, pur quey en Deu lur espoyr mistrent et amerement lermauns de ly socur prierent devoutement ke pur l'amur sun apostle seint Barthelmeu, de ky cel jur en seinte Eglise estoyt feste memorie sollempne, de eus en preist de sa pité mercy, e la tere sauvast du poer des enemis survenus. E sur ceo a ly vowerent ke un chapele en le honur seint Barthelmeu leveroyent, en laquelle perpetuement establir froyent une chaunterye en sun honur

par ici ke des enimis la victorye avoir puysent. Si estoyt un home lors en la vile Estefne Crabbe appellé, lequel jadis du moygne avaunt dist Eustace munt estoyt privé et taunt cher le ama ke des queintises dunt trop savoyt plusurs cy enseyna. Dunt cil par my la vile entre autre passauns armés et la crie des gens pytouse oyaunt, as plus grauns de la commune dist: "Port de graunt honur taunt ke ensa ad ceste vile esté; mes si ore Deu de nous n'eyt pité defeste sera e la tere perdu; mes ke tel deshonour au reaume par my l'entrée de cest vile ne aviegne en repruse de nostre saunc pur le tens a venir, ma vie huy pur le honur de la tere sauver duneray; quar cest enemy chief survenu Eustace veu de la gent ne purra estre sinun de celi ke cel art bien conust; mes jeo actun tens cele queyntise de ly apris. Si durrai cest jour ma vie pur la sauvatiun de ceste tere; quar la mort esturdre ne purroye kaunt sa neef entré serray, pur les grans gens ke ouekes ly sunt." Sur ceo tauntost en une des troys neefs ke soulement cuntre la graunde navie venue se appareylerent pur la vile defendre se mist cely Estefne; e cum a la neef ou Eustace dediens estoyt approcha, hors de sa neef sallist, si entra la neef Eustace; mes quidoyent tute gent ke ly virent sur l'euwe estre e combatre ne savoyent a ky, sy dysoyent ke ses sens out perdu ou ke mal espirit en furme de ly a eus apparust. Si copa la testes ilukes de Eustace, e tauntost la neef a tote gent clerement apparust, ke vivaunt cel moygne apostata, tote estoyt invisible. E fust cely Estevene hastivement ilukes occis e par peces menues hors de la neef gettu, tut le cors horriblement demembré. E survint une rage de vent de par la tere ke en plusurs lyus les arbres fist aracer e les mesuns ausy reversa; si entra la havene e les nefs des enemys ja tuz sauns demure fist afundrer; mes a ceus de la vile ke la tere furent defendauns mal né fist ne moleste, fors ke soulement de la pour ke en eurent trop estoyent tuz affrays. Si dysoient les Engloys ke les enemys tuz perirent par le signe de un humme ke en le heyr lur apparust tut ausi cum de vermayl revestu; e comencerent a crier ceus ke le virent disaunt: "Seint Barthelmeu, de nous eyez mercy e socur nous facés des enemys survenus." E tauntost une voix oyrent cestes paroles soulement sonaunte:: "Barthelmeu suy appellé; en eyde de vous maundé suy. Des enemys ne covient doter." E s'envanist a cele parole; plus n'estoyt veu ne voiz oye.

Dunt cum malice puyst valer finaument ke ent se fye, en cesti puys remirer ke trop savoyt nigremauncie.

De hospitali Sancti-Bartholomei juxta Sandwicum fundato

Puys kaunt en cele manere avoyent la gent de Sandwiz de Eustace et des enemis la victorie, tauntost une place ne geres loynz hors de la vile, as custages de la comune, purchacerent e une chapele fesoyent lever, laquele fust dediée en le honor de seint

Barthelmeu, e puys mesuns a cele joygnauns hi fesoyent plaunter pur hummes e femmes de la vile veez si par cas avenist en lur veilesse en povreté cheïr. Si purchacerent teres e rentes a cel hospital pur perpetueument sustenir les veus povres en cel demeurauns e la chaunteryne devoutement. E si ordinerent entre eus ke chescun an se doyt la comune en la vile de Sandwiz assembler en le jur seint Barthelmeu e a l'avaunt-dist hospital lur processiun fere sollempne cirges portauns. (Musée Britannique, Ms. Harley 636, f. 201vo., col. 2).

45. In primordiis istius novi regis (Henrici III) erat quidam tyrannus ex Hispania cognomine *Monachus*. Hic cum multas exegisset praedas multaque loca suo subjugasset imperio, tandem anhelavit ad regnum Angliae conquirendum; cumque quaesisset a suis qualis esset terra et quis rex, respondissentque ei: "Terra quidem optima, et eius rex puer parvulus," confestim subintulit: "Dignius est quidem puerum regi quam regere, quomodo regere potest cui necesse regi est? Eamus igitur, et deponamus eum." Statimque magna classe congregata cum immenso apparatu et exercitu Angliam appetiit; et cum esset in mari adhuc longe a terra, cognoscentque marinarii de portibus adventum eius et timuissent cum eo quod mala praedicabantur de hoc homine, dixerunt inter se: "Si applicuerit tyrannus iste, vestabit omnia, eo quod terra non est praeminuta et longe distat a nobis rex cum auxilio suo. Ponamus igitur in manibus nostris animas nostras, et aggrediamur eos dum adhuc in mari sunt, quoniam virtus eorum misera et veniet nobis auxilium de excelso." Et intulit unus cuius edicto caeteri favebant: "Est-ne vestrum aliquis qui hodie pro Anglia mori paratus est?" Et ait unus: "Ecce ego. Tolle, inquit, tecum securim, et si videris nos cum navi tyranni congredi, statim navis ipsius malum ascende, et vexillum quod in altum erigitur deprime, et sic dispergantur et pereant caeterae naves dum ducem non habeant neque praecessorem." Festinanter itaque conscenderunt naves suas, et laxatis ad ventum velis cum immenso impetu irruerunt in hostes, tradiditque Dominus eos in manus eorum, et multis submersis et peremptis reversi sunt cum gaudio et praeda magna, etc. (*Chronica Walteri Hemingford*, Recueil de Gale, Oxford, 1684-91, t. III, p. 563, sub anno 1217; et aussi Henry Knyghton: *De Eventibus Angliae*, qui rapporte la même chose à l'année 1216).

46. Nam cum ad dictae Blanchiae instantiam multi nobiles et potentes de Francia venissent in succursum Lodowici, episcopus, et comes Salesbyriae, et justiciarius, cum regis exercitu, apud Doroberniam eos navali bello ceperunt; et inter infinitos, Eustacium Monachum occiderunt qui utriusque partis praevaricator extiterat, solos nobiles vita reservantes. (A. D. 1215 *sic*). (*Annales de Dunstaplia*).

47. MCCXVIII. Barones Anglie et Francie capti sunt. Barones Francie interfecti sunt apud Sandwicum die Sancti Bartholomei, ubi interfectus est Stacious Monachus. (*Chronique de Douvres*, ms. Cott. Julius, D. V. du Musée Britannique qui date du XIIIe. siècle).

48. En meisme cel seisoun un grant seignour, q'avoit a noun Eustace le Moigne, od autres grantz seignours de France voloint estre venuz en cel terre od grant poair pur eyder Lowys; mais Hubert de Burgh et lez .v. portz, od .xiii. nefes soulement, les encounterent en la mere et les assailerent egrement, si lez conquistrent, et couperent les testez Eustas le Moyne, et pristrent des grantz seignours de France et les mistrent en prisoun. (*Scala Chronica*, ms. Corpus Christi College, Cambridge, f. 186vo.).

49. A *consulter* (Nous reproduisons les renvois de Fr. Michel):

Chronique du monastère de Mortemer, (Recueil des Historiens des Gaules et de la France, t. XVIII, p. 356, B.).

Chronique de Rouen, (Recueil des Historiens des Gaules et de la France, t. XVIII, p. 361, D.).

Ralph Coggeshale: *Chronicon Anglicanum*, (Recueil des Historiens des Gaules et de la France, t. XVIII, p. 113).

Bartholomew Cotton: *Chronicon*, (Ms. Cotton, Nero, C. V., f. 190ro.).

Chronica de Mailros, (Ms. Cotton, Faustina, B. IX.).

Henry Silegrave: *Chronicon*, (Ms. Cotton, Cleopatra, A. XII, f. 42ro., col. 1).

Robert of Gloucester: *Chronicle*, (éd. Thomas Hearne, Oxford, 1724, vol. II, p. 55; et College of Arms, Ms. LVIII, f. 301vo. et f. 289ro.).

Chronicon Johannis abbatis S. Petri de Burgo, (Historiae Anglicanae Scriptores Varii, éd. Joseph Sparke, Londres, 1274, p. 97).

Chronicon Londinense, (Ms. des archives de Londres; et Ms. Harley 690, f. 23vo.).

Roger de Hoveden: *Annales per anonymum continuatae*, (Recueil des Historiens des Gaules et de la France, t. XVIII, p. 184, D.).

Chronique d'Angleterre, (Ms. B. M., Royal, 20. A. III., f. 195ro.).

Jean de Wavrin: *Anchiennes Croniques d'Angleterre*, éd. Emilie Dupont, 3 vol., Paris, 1858-63, (Soc. Hist. de Fr.).

Booke of chroniques in Peter College Library, (*Joannis Lelandi Collectanea*, t. 1, 2e. partie, p. 471. Oxford, 1715).

Caxton's Chronicle, Londres, (Wynkyn de Worde), 1528, f. LXXXVIIvo., col. 2).

A Chronicle of London from 1089 to 1483, éd. N. H. Nicolas, Londres, 1827, p. 9).

John Speed: *The History of Great Britaine*, Londres, 1623, p. 521.

APPENDICE 121

John Stow: *Annales, or a general chronique of England*, Londres, 1631, p. 177, col. 1.

I. Larrey: *Histoire d'Angleterre*, Rotterdam, 1707, part. II, p. 890.

J. Lingard: *History of England*, Londres, 1823, t. III, p. 103.

50. Item de insulis sic fiet: dominus Ludovicus mittet litteras suas patentes fratribus Eustachii Monachi, praecipiens quod illas reddant domino Henrico regi Angliae, et nisi illas reddiderint, distringet illos dominus Ludovicus, pro legale posse suo, per feoda, et per terras eorum, quae de feodo suo movent, ad illas reddendas; et, si haec facere noluerint, sint extra pacem istam. (*Foedera, conventiones, litterae et cuiuscunque generis acta publica*, Vol. 1, part. 1, Londres, 1816, p. 148, col. 1; et *Recueil des Historiens des Gaules et de la France*, t. XVII, p. 111, E.).

51.
    Si Engleter guerirez
    Jamés ben n'espleyterez,
    Ne ne firent voz ancestres
    Ke se tindrent si grant mestres,
    Ly ducs Lowys ton parent,
    Estaces le Moyne ensement
    E autres Franceys assez
    Ke ne sunt pas ici nomez.   (ll. 89-96)

(*Vers sur la Trahison et le Supplice de Thomas de Turbeville*, Musée Britannique, Ms. Cotton, Caligula, A. XVIII, f. 21ro.).

52. ... Ego siquidem et Ida, comitissa, uxor mea, propriis manibus juravimus omnes conventiones que in hac carta continentur, bona fide et sine malo ingenio tenere et firmiter observare; et fecimus hec idem jurari ab hominibus nostris qui subscribuntur, videlicet: Arnulfus advocatus Morinensis, *Guillelmus de Fiennis*, Hugo Kerez, Ansellus de Kaieu... (H. Malo: *Renaud de Dammartin*, Paris, 1898, p. 265.)

53. *Charte de Renaud, comte de Bouloigne, et de Ide, son épouse, exemptant les bourgeois de Saint-Omer du droit de lagan (avril, 1206)*... Testes huius rei sunt: *Willelmus de Fielnes,* Anselmus de Longovillari, *Henfridus de Haneclingguehem, Willelmus de Montcavrel,* Wido de Belebrone, Balduinus juvenis constabularius de Ermelinghem, Balduinus de Rivera. Actum anno dominice Incarnationis MCCVI, mense Aprilis. (Archives Nationales, JJ, 61, no. 191.)

54. *Charte d'hommage de Renaud de Dammartin, comte de Boulogne, a Jean, roi d'Angleterre. Lameheiam, 4 mai 1212.*

Omnibus Christi fidelibus hanc chartam inspevturis, Reginaldus de Dammartin, comes Boloniae, salutem. Sciatis quod homagium et fidelitatem feci domino regi Angliae Johanni tanquam domino meo ligio, et quod fideliter ei serviam, quamdiu vixero, contra omnes mortales, et sine ipso pacem vel treugam non faciam cum rege Franciae vel cum Ludovico filio eius, vel cum aliquo alio quem inimicum eius esse scierim, et hoc fideliter et firmiter observandum ego propria manu juravi, et Simon frater meus, et fideles mei *Walo de Capella*, Hugo de Bestesy... idem juraverunt. Et ad majorem huius rei securitatem liberabo ei obsides suscriptos, I[dam] uxorem meam, duos filios *Willelmi de Fiennes*... et insuper domino meo regi hanc chartam meam feci. (Testibus ut supra.)
(*Rotuli Chartarum, 186.*)

55. *Charte de Jean, roi d'Angleterre, recevant l'hommage lige de Renaud comte de Boulogne, Lameheiam, 4 mai 1212 (Rotuli Chartarum, 186a.).*

56. *Charte de Jean, roi d'Angleterre, en faveur de Renaud de Dammartin, comte de Boulogne. Lameheiam, 4 mai 1212.*

Johannes, Dei gratia... omnibus fidelibus suis presentem cartem impecturis, salutem. Sciatis quod reddidimus Reginaldo de Dammartin, comiti Bolonie, Kirketon, Dunham et Norton que est in comitatu Oxonie, Bampton et preterea Norton que est in comitatu Suffolk, Ridal et Wrestlingehal et Pedinton, cum omnibus pertinenciis suis in decimis, feodis et serviciis, sicut ea tenuit die qua illa cepimus in manum nostram. Reddidimus eciam eidem comiti Bolonie Ixning cum pertinenciis suis, salvis militibus et libere tenentibus feodis et tenementis que comes Metheus, pater Ide, comitisse Bolonie, uxoris sue, eis dedit per servicium quod inde debent. Et pro defectum aliarum terrarum suarum quas exigit tanquam jus suum et jus uxoris sue predicte Ide, dabimus ei annuatim mille libras sterlingorum ad suos terminos, scilicet mea sigilli sui auctoritatem apponere dignata est. Hec autem capelle constructio et capellani institutio facta est ad habendam ibidem jugem memoriam comitis B[olonie] et comitisse et antecessorum eorum et subsequetium in perpetuum. Actum est hoc anno ab Incarnatione Domini M.CC.X.III.

(Bibliothèque Nationale, ms. coll. Moreau, CXVIII, 42.)

57. *Charte de Ide, comtesse de Boulogne, en faveur de l'abbaye de Sonnebeke. Sonnebecque, mars 1215.*

... Signum... *Anselmi Caliau*... Actum anno domini M.CC.V., mense martio, apud Sinnebeccam.

(Archives du Conseil de Flandre, fonds Gailliard, no. 681, Archives de l'Etat à Gand; et Victor Gaillard: *Archives du Conseil de Flandre*, p. 101, Gand, 1856.)

TABLE DES NOMS PROPRES, NOMS DE LIEU, ETC.

A

AGOULLANT, 2205. *Le Roman d'Agoulant* ou *La Chanson d'Aspremont*, éd. L. Brandin, 2 vol., Paris, 1921-22 (C. F. M. A., 19, 25).
AIMON, 2205. *Le Roman des quatre fils Aymon* ou *de Renaut de Montauban* éd. H. Michelant, Stuttgart, 1862; et éd. F. Castets, Montpellier, 1909.
AIRE, 1708. Aire-sur-la-Lys (Pas-de-Calais).
AMAUGIS, AMAUGIN, MAUGIS, 285, 287, 288, 292, 293, 294, 296. Maugis d'Aigremont. Voir *Maugis d'Aigremont*, éd. F. Castets (*Revue des langues romanes*, t. XXIX, 1886, et t. XXX, 1887).
ANDELI, 807. Les Andelys (Eure).
ANSIAUS DE CAIEU, AUFRANS DE CAIEU, 540, 1686. Pair du Boulonnais, vassal du comte Renaut. (Chevalier bannaret, dit Ansiau l'échanson, fils d'Arnoul de Caieu et d'Adelis de Bavelinghem. Voir André du Chesne: *Histoire généalogique des maisons de Guînes, d'Ardres, de Gand et de Coucy*, Paris, 1631, livre 1, p. 31.)
ARGENTUEL, 2197. Argenteuil (Seine-et-Oise).
AUFRANS, 540. Voir ANSIAUS.
AUMON (SAINT), 1907.

B

BARAT, 298. Voir Jean de Boves (Jehan Bodel): *Fabliau de Barat et de Haimet* ou *des trois larrons* (Méon et Barbazan: *Fabliaux et Contes*, Paris, 1808, t. IV, p. 233), et aussi Jehan Bodel: *Fabliaux*, Dakar, 1959.
BAREFLUE, 2113, 2116. Barfleur (Manche).
BASIN, BASINS, BASYN, 285, 286, 292, 293, 297. Basin de Gênes.
BASINGUEHANS, 310. Bazinghem (Pas-de-Calais).
BAUDUIN BULKÉS, BUSQUÉS, BUSQUET, 306, 314, 353. Pair du Boulonnais, vassal du comte Renaut, père d'Eustache Le Moine, tué par Hainfroi de Heresinguehans. (Témoin de plusieurs chartes. Voir l'appendice, nos. 1-5.)
BAUDUINS D'AIRE, 1708. Pair du Boulonnais, vassal du comte Renaut. (Nommé comme ôtage dans une charte. Voir Baluze: *Miscellanea*, t. VII, p. 250; et *Recueil des Historiens des Gaules et de la France*, t. XVII, p. 105.)
BELIN, 538, 1690. Bellignies (Nord)?

BIAURAIN, 1737, 1739. Beaurains (Pas-de-Calais).
BLANCHANDIN, 2206. *Blancandin ou l'orgueilleuse d'Amour,* éd. H. Michelant, Paris, 1867.
BOLOIGNE. Voir BOULOIGNE.
BOULENOIS, 221, 305, 308, 374, 386, 523. Le Boulonnais.
BOULOIGNE, BOLOIGNE, BOULOING, BOULONGNE, 301, 319, 322, 365, 401, 408, 426, 451, 473, 506, 592, 673, 786, 803, 875, 876, 894, 934, 956, 973, 987, 1018, 1055, 1089, 1153, 1159, 1172, 1294, 1314, 1328, 1350, 1430, 1565, 1664, 1741, 1778, 1780, 1797, 1877, 2108, 2161, 2165, 2217, 2230, 2256. Boulogne-sur-Mer (Pas-de-Calais).
BRUGES, 808, 932. Bruges (Flandre Occidentale).
BULKÉS, BUSQUÉS, BUSQUET. Voir BAUDUIN BULKES.

C

CADOC, CADOS, 1965, 1974, 1982, 1986, 1992, 2001, 2008, 2010, 2016, 2024, 2043, 2052, 2058, 2062, 2069, 2094, 2102, 2106, 2118, 2123, 2124. Cadoc, sénéchal de Normandie. (Cadoc, chevalier bannaret, châtelain de Gaillon, chef des routiers, bailli de Pont-Audemer. Il est mort après 1227. Voir *Recueil des Historiens des Gaules et de la France,* t. XXIV, I, p. 130; et E. Audouin: *Essai sur l'Armée Royale au temps de Philippe-Auguste,* Paris, 1913, pp. 109-112.)
CAIEU, 540, 1686. Cayeux-sur-Mer (Somme).
CALAIS, 1820. Calais (Pas-de-Calais).
CANCE, 1742. La Canche, rivière qui sépare les départements de Pas-de-Calais et Somme.
CANESTUET, 2200. Ganstead (Yorkshire)?
CAPIELE, CHAPIELE (LA), 542, 1284, 1301, 1304, 1311, 1696. La Chapelle-sur-Usson (Pas-de-Calais) ou Capelle (Pas-de-Calais) ou La Capelle-les-Boulogne (Pas-de-Calais).
CARDELLO, CARDELO, 661, 900. Hardelot (Pas-de-Calais). Voir HARDELO et VARDELLO.
CLERMARES, 430, 492, 751. Clairmarais (Pas-de-Calais).
CORBYE, 1309. Corbie (Somme)?
CORS, 305. Courset (Pas-de-Calais).
CORTE, 290. Courtain, épée d'Ogier le Danois.
CROUFAUT, 2127. Courseulles (Calvados)?

D

DAN, 2257. Damme (Flandre Occidentale), ancien port de mer dans l'arrondissement de Bruges.
DANT MARTIN, 786. Dammartin (Seine-et-Oise), ou Dammartin-en-Goële, (Seine-et-Marne).
DURENDAL, 291. L'épée de Roland.

TABLE DES NOMS PROPRES, NOMS DE LIEU, ETC. 125

E

ENGLES, 2202, 2278. Anglais.
ENGLETIERE, ENGLETERRE, 1882, 2136, 2153, 2160. Angleterre.
ESPAIGNE, 1482.: Espagne.
ESTAGLES, 362. Etaples (Pas-de-Calais).

F

FAUVIEL, 202. Nom de cheval.
FILLES, 1738. Fiennes (Pas-de-Calais).
FLANDRES, 808, 932.
FLOURENCHE, 2207. *Florence de Rome*, éd. A. Wallensköld, Paris (S. A. T. F.), 1907-1909.
FRANCHE, 8, 39, 289, 1386, 1669, 1724, 1743, 1975, 2162, 2225. France.

G

GAUNE, GAUNES, 536, 1726, 1734. Guigny (Pas-de-Calais), ou Guînes (Pas-de-Calais).
GENESIES (ISLES DE), 1915. Les îles Anglo-Normandes — Jersey ou Guernesey.
GENOS, 1295. Genech (Nord), ou Gennes-Ivergny (Pas-de-Calais).
GUILLAUME DE MONTQUARREL, 533, DE MONT CHAVREL, 1500, 1670. Chevalier bannaret, vassal du comte Renaut. (Témoin de chartes en avril 1206 et en juillet 1199. Voir l'appendice, nos. 7 et 53.)
GUILLAUMES DE FILLES, 1738. Chevalier bannaret, vassal du comte Renaut. (Fils d'Enguerrand de Fiennes et de Sybille de Tingry, soeur et héritière de Guillaume Faramus, sire de Tingry. Il épousa Agnès de Dammartin, soeur de Renaut, comte de Dammartin et de Boulogne. Témoin de plusieurs chartes. Voir l'appendice, nos. 7-15 et 52-54.)

H

HAIMET, 298. Voir BARAT.
HAINFROI, HAINFROIS DE HERESINGUEHANS, 311, 324, 326, 330, 332, 338, 355, 376, 1368, 1376, 1379, 1396. Vassal du comte Renaut, et ennemi de Bauduin Busquet et d'Eustache Le Moine. (Témoin de chartes qui datent de 1206 et 1209. Voir l'appendice, nos. 15 et 53.)
HARDELOT, 388, 796, 798, 1719. Hardelot (Pas-de-Calais). Voir CARDELLO et VARDELLO.
HAREFLUE, 1955. Harfleur (Seine-Mar).
HAUTECLERE, 290. L'épée d'Olivier.
HENNIN, 539. Hénin-Liétard (Pas-de-Calais).
HERESINGUEHANS, 311. Hardinghem (Pas-de-Calais), ou Hervelinghen (Pas-de-Calais).
HONERÉ (SAINT), 634.
HUES DE BELIN, 538, 1690. Pair du Boulonnais, chevalier bannaret, vassal du comte Renaut. (Il est nommé dans la chronique de Geoffroi de Ville-

Hardouin: *La Conquête de Constantinople*, éd. Ed. Faral, Paris, 1938-1939 (C. H. F., 18-19); et aussi *Recueil des Historiens des Gaules et de la France*, t. XVIII, p. 483, C.).

HUES DE GAUNE, HUES DE GAUNES, 536, 1726, 1734. Pair du Boulonnais, chevalier bannaret, vassal du comte Renaut.

I

IRLANDE, 2193

J

JAKE (SAINT). Voir SAINT JAKE.
JEHAN, 1883, 2138, 2163, 2226. Jean-sans-Terre (1167-1216), roi d'Angleterre (1199-1216).
JOIOUSE, 290. L'épée de Charlemagne.
JUMIAUS, 1746. Jumièges (Seine-Mar).

L

LA CAPIELE, LA CHAPIELE. Voir CAPIELE, CHAPIELE (LA).
LENS, 505, 539. Lens (Pas-de-Calais).
LOEY, 1298, 2254. Le prince Louis, dauphin de France, plus tard Louis VIII (1187-1226; roi 1223-1226).
LOIRRE, 110. La Loire.
LONDRES, 2144.

M

MANESIER, MANESIERS, 352, 360, 371. Neveu et champion de Bauduin Busquet, tué en combat judiciaire par Eustache de Maraquise.
MARAQUISE, 350. Marquise (Pas-de-Calais).
MARIE (SAINTE), 560, 611, 1230, 1447, 1461, 1525. Marie, mère de Jésus. Voir aussi VARIE et WARIE, et SAINTE MARIE AU BOS.
MARTIN, 202. Nom de cheval.
MARTIN, 786. Voir DANT MARTIN.
MAUFERAS, 2199. Faux nom adopté par Eustache Le Moine.
MAUGIS, 285, 287, 294. Voir AMAUGIS.
MONCHI, 1583. Monchy-au-Bois (Pas-de-Calais), ou Monchy-Cayeux (Pas-de-Calais), ou Monchy-le-Preux (Pas-de-Calais)?
MONSTERUEL, 1733. Montreuil-sur-mer (Pas-de-Calais).
MONTAGUI, 2269. Montacute (Somerset), ou Montaigu (Aisne), ou Montigny (Somme)?
MONT CHAVREL, MONTQUARREL, 533, 1500, 1670. Mont Cavrel (Pas-de-Calais).
MONTFERRANT, 41, 94, 119, 140. Montferrand (Aude), ou Clermont-Ferrand (Puy-de-Dôme)?
MONTQUARREL, 533. Voir MONT CHAVREL.

TABLE DES NOMS PROPRES, NOMS DE LIEU, ETC. 127

MOREL, MORIALS, MORIEL, 552, 558, 564, 568, 583, 728, 1502, 1640, 1644, 1645. Nom de cheval.

N

NOHUBELLANDE, 2192. Le Northumberland.
NORMENDIE, 1966. La Normandie.
NEUF CASTEL (LE), 1186. Neufchâtel (Pas-de-Calais).

O

OMER (SAINT), 1026. Voir SAINT-OMER.

P

PARIS, 1710.
PASKE, 2031. Pâques.
PHELIPPE (LE ROI), 1296. Philippe II Auguste (1165-1223), roi de France (1180-1223).
PIERRE (SAINT), 1692.
PONCIAU DE MER, 1962, 1994. Pont-Audemer (Eure).
PROUVINS, 2197. Provins (Seine-et-Marne), ou Provin (Nord).

R

RAOUS DE LA TOURNIELE, 2268. Robert de Tornelle. Voir l'appendice, no. 17; et *Recueil des Historiens des Gaules et de la France*, t. XVII, p. 107.
REMI (SAINT), 718, 2021.
RENAUS, RENAUT DE BOULOIGNE, 1149, 1418, 2165. Renaut de Dammartin, comte de Boulogne.
RICHIER (SAINT), 1150.
ROMER, 1042. Nom d'un âne.
ROMEREL, 1932. Capitaine des îles Anglo-Normandes.
ROMME, 908, 1692, 2207. Rome.

S

SAINE, SAINNE, 110, 1956, 1960, 1968. La Seine.
SANGATES, 1322, 1323. Sangatte (Pas-de-Calais).
SAINT JAKE, 27. Santiago de Compostella; mais peut-être Saint-Jacques-sur-Darnétal (Seine-Mar).
SAINT-OMER, 433, 742, 1026. Saint-Omer (Pas-de-Calais).
SAINT PIERE DE ROMME, 1692. La basilique de Saint Pierre.
SAINT SAUMER, 3, 221, 319. Saint Samer ou Samer (Pas-de-Calais).
SAINTE MARIE, 560, 611, 1230, 1447, 1461, 1525. Voir MARIE (SAINTE).
SAINTE MARIE AU BOS, 1303. Sainte-Marie-au-Bosc (Seine-Mar), est très invraisemblable; église près de La Capelle (Pas-de-Calais).
SAINTE PUCELLE (LA), 739.

SIMON, SYMON DE BOLOIGNE, 408, 426. Trouvère favori du comte Renaut.
SIMON (DANS), 534, SYMON (FRERE), 491. Faux nom adopté par Eustache Le Moine.
SYMON (SAINT), 2248.

T

TORNIELE (LA), 2268. Voir RAOUS.
TOULETE, 6, 11, 49, 102. Tolède.
TRAVERS, 298. Un larron dans le *Fabliau des trois larrons*. Voir BARAT.

U

UISTASCE, 295 et passim. Voir WISTASCE.

V

VARDELLO, 1547. Hardelot (Pas-de-Calais). Voir CARDELLO et HARDELO.
VARIE (SAINTE), 1815. Une graphie pour Marie. Voir MARIE (SAINTE).
VARLÉS DE MONTAGUI, 2269. Compagnon d'Eustache Le Moine.
VINAPE (SAINT), 1978, 1998. Saint Winoch, abbé de Wormhout, honoré le 6 septembre.
VINCENESEL, 1933. Cri de guerre d'Eustache Le Moine. Il est à noter que c'est la forme latine de Winchelsea, port de mer sur la Manche.
VINCENS (DANS), 628. Moine de l'abbaye de Clairmarais, compagnon d'Eustache Le Moine.

W

WALES DE LA CAPIELE, WALES DE LA CHAPIELE, 542, 1696. Chevalier bannaret, pair du boulonnais, vassal du comte Renaut. (Témoin d'une charte du 4 mai, 1212. Voir l'appendice, no. 54.)
WILLAUMES DE MONT CHAVREL, 1500, 1680. Voir GUILLAUME.
WARIE (SAINTE), 486. Une graphie pour Marie. Voir MARIE (SAINTE).
WINAPE (SAINT), 1978. Voir VINAPE (SAINT).
WISTASCE DE MARAQUISE, 350, UISTASCE, 360. Vassal d'Hainfroi de Heresinguehans et vainqueur de Manesier.
WISTASCE, 39, 220, 1830, 1833, 2040, 2300; WISTASCES, 1802, 2146, 2182, 2239; WISTASE, 33; WITASSE LE MOINE, incipit; .W., 48, 52, 56, 63, 93, 98, 121, 124, 147, 158, 165, 176, 179, 187, 230, 238, 248, 250, 253, 257, 270, 277, 318, 320, 327, 378, 382, 390, 422, 431, 438, 442, 443, 445, 449, 460, 462, 470, 472, 493, 519, 524, 529, 537, 541, 545, 548, 550, 558, 580, 581, 582, 598, 599, 640, 643, 658, 660, 663, 666, 668, 686, 688, 695, 701, 707, 723, 728, 735, 738, 743, 744, 752, 756, 761, 767, 798, 800, 805, 830, 834, 837, 838, 841, 848, 853, 856, 859, 869, 880, 887, 902, 906, 916, 930, 938, 945, 955, 988, 1003, 1005, 1006, 1010, 1017, 1022, 1026, 1032, 1039, 1042, 1071, 1072, 1075, 1080,

TABLE DES NOMS PROPRES, NOMS DE LIEU, ETC.

1084, 1127, 1128, 1139, 1143, 1147, 1156, 1162, 1188, 1198, 1206 1209, 1211, 1232, 1237, 1242, 1252, 1258, 1270, 1283, 1285, 1291, 1326, 1333, 1337, 1339, 1343, 1344, 1348, 1352, 1360, 1373, 1374, 1377, 1380, 1381, 1399, 1409, 1423, 1429, 1434, 1439, 1444, 1466, 1495, 1502, 1506, 1509, 1510, 1546, 1548, 1554, 1558, 1593, 1594, 1603, 1638, 1640, 1644, 1646, 1650, 1654, 1656, 1661, 1722, 1730, 1747, 1761, 1765, 1769, 1784, 1789, 1792, 1798, 1818, 1821, 1842, 1846, 1882, 1888, 1892, 1901, 1906, 1911, 1913, 1914, 1924, 1928, 1933, 1940, 1946, 1950, 1955, 1964, 1970, 1972, 1978, 1984, 1989, 1990, 1993, 1998, 2007, 2014, 2021, 2029, 2047, 2049, 2055, 2061, 2074, 2098, 2100, 2105, 2110, 2111, 2113, 2121, 2126, 2130, 2132, 2136, 2158, 2168, 2177, 2248, 2260, 2262, 2270, 2280; .w. le mogne, 279; .w. le moigne, 400, 419, 427, 450, 507, 672, 935, 985, 1028, 1054, 1173, 1306, 1456, 1523, 1665, 1740; .w. li moigne, 323, 364, 647, 777, 802, 1049, 1088, 1152, 1195, 1214, 1223, 1248, 1351, 1394, 1568, 1779, 1876, 1893, 2063, 2080, 2231; .w. li moignes, 397, 614, 2303; uistasce, 295, 304, 693, 1396, 1515, 1608, [1759]; uistasce le moigne, 300, 415, 457, 527, 647, 759, 877, 981, 1282, 1315, 1329, 1736, 1807; uistasces, 1751; uistasces le moigne, 409; uistasses, 976, 998; le mogne, 893; le moigne, 1, 979, 1134, 1581, 1589, 1682, 1704, 1973, 2000; li moigne, 1904, 2160; li moignes, 370, 896, 1417, 1579, 1586, 1627, 1742, 1969, 2167, 2216, 2224. Eustache Le Moine. Voir l'introduction, p. 14.

GLOSSAIRE

Un astérisque indique l'únique exemple cité par Godefroy ou Tobler-Lommatzsch.

A

abateïs, s. m., 1935, carnage; abattis; action d'abattre.
abés, abet, s. m., 299, 431, 859, 1229, ruse; finesse; fraude.
abeter, 1417, ruser; tromper; duper.
abosmés, 1610, abattu; déprimé; plongé dans la douleur.
aconsivir, 1489, atteindre; poursuivre; rejoindre.
aconte, s. m., 373, 1783, compte; règlement.
aconter, 716, 960, raconter; énumérer.
acordanche, s. f., 1387, accord.
acorde, s. f., 368, 478, 496, accord; paix; réconciliation.
acourcher, 1814, accourcir; raccourcir; abréger.
acouvrir, 873, couvrir; recouvrir.
s'acuiter, 213, s'acquitter; payer une dette; faire son devoir.
ademis, 2163, à la hâte.
adiés, 115, sans cesse; toujours.
adversier, 563, advresier, 1573, ennemi; diabolique.
aërdre, 131, 1238, aierdre, 626, 1649, saisir; s'attacher.
aferir, 1025, 1750, convenir; appartenir; concerner.
afier, 824, promettre; jurer.
s'afoibloier, 871, s'affaiblir.
afubler, 1012, revêtir; s'affubler de.
aïe, s. f., 207, aide; secours.
aierdre, 626, 1649. Voir: aerdre.
ainc, 80, 334, jamais; aussi; de plus.
ains, 219, 223, anchois, 2152, avant; plutôt; mais; aussitôt.
aïr, s. m., 199, colère; fureur; violence; force.
ambes .II. = ambesdeus, 737, tous deux.
s'amordre, 479, s'attacher; s'appliquer; être entraîné.
anchois, 2152. Voir: ains.
andui, 361, tous deux.
ansdeus, 638, tous deux.
apieler, 355, accuser; appeler en justice.
apostole, s. m., 908, le Pape.
aprouver, 2264, fournir la preuve; prouver; démontrer.

araisnier, 481, plaider; demander; interpeller.
ardoir, 1977, brûler; arsë (part. pass. fém.), 2229.
ars, s. m., 9, artifice; magie noire.
ars, s. m., 2274, arc.
assaillir, 2064, aider quelqu'un à se relever; prendre quelqu'un par les aisselles.
asegur, 519, aseür, 103, assuré; sûr.
atargier, 1961, s'attarder.
atraver, 2175, se loger; s'installer.
aue, s. f., 237 (= ane), cane.
aüner, 1917, assembler.
autressi, 616, aussi; ainsi; également.
avial, s. m., 1879, caprice (*faire de lais aviaus* = faire voir bien du chemin; donner du fil à retordre).

B

bachin, s. m., 23, bassin.
baillier, 460, saisir; avoir à merci.
bancloque, s. f., 127, 421, cloche du ban.
barat, s. m., 2244, tromperie; ruse.
barbé, s. m., 101, 129, 192, barbu.
barbeter, 694, bégayer; barboter.
barbiier, 1971, 2086, raser.
***bareter,** 1199, 1204, 1224, 1263, foutre.
batant, 172, 555, 1070, 1216, à la hâte.
batel, s. m., 275, battant d'une cloche.
bedel, s. m., 532, sergent de justice; bedeau; fantassin.
***belu, belu,** 651.
bendé, 2172, bandé; rayé.
bendel, s. m., 1428, bandage.
ber, 2271, noble; guerrier.
bestens, s. m., 132, dispute; mauvaise querelle.
bestil, s. m., 80, vacarme; fracas; tapage.
bestorner, 1508, 1540, renverser.
bielement, 188, lentement; doucement.
biere, s. f., 1949, cadavre; corps mort.
bierser, 2277, chasser.
bieu, 475, biu, 629, 1064, 1684, 1813, 1868, 2054, Dieu.
bochu, 262, bocus, 1421, bossu; pustuleux.
bouter, 141, pousser.
braies, s. f. pl., 77, pantalon; culotte.
braieul, s. m., 2046, ceinture.
broce, broche, s. f., 71, 82, broche.
brunete, s. f., 862, étoffe de couleur brune.
buen, s. m., 1699, volonté.
buffe, s. f., 316, soufflet.
buire, s. f., 1079, cruche.
burel, s. m., 999, bure; drap grossier de couleur brune.

C

cachier, 668, chasser.
cachier, 1016, charger; cager (?).
caint, chaint, 69, 79, 2060, ceinture.
caïr, 2004, choir; tomber.
canole, s. f., 2285, conduit respiratoire.
caon, s. m., 1057, nuque.
cape, chape, s. f., 588, 1338, 1978, 1982, 1985, 1986, 2090, manteau; capote.
capitle, s. m., 247, chapitre.
caple, s. m., 363, bataille; combat; fracas.
car, s. f., 236, chair.
caraude (caraus), s. f., 9, 18, sortilège; sorcellerie.
carborclée, s. f., 1058, charbonnaille; poussier.
careton, s. m., 160, 166, 173, 183, charretier.
carnin, s. m., 270, charme; sortilège.
casement, s. m., 1837, domaine; fief; cause.
cat, s. m., 2245, chat.
cauche, s. f., 809, chausse.
cauchie, s. f., 175, chaussée.
cauchier, 227, chausser.
caude, s. f., 10, ruse; cautèle.
cauper, 406, couper.
caus, s. f., 2292, chaux.
celenier, cenelier, s. m., 492, 534, moine préposé au cellier; cellérier.
chaint, s. m., 69, 79, ceinture.
chape, s. f., 1338, manteau; capote.
chaperon, s. m., 626, 2014, capuchon.
ciés, 584, chez.
cifler, 1761, persifler; railler.
cimere, s. f., 30, chimère.
clikete, s. f., 1416, crécelle.
cliketer, 1403, cliqueter.
clooit, 1336 (Imparfait 3, *cloīe*).
clopïer, 874, clopiner; boiter.
clugner, 124, cligner.
co, s. m., 2078, col.
cochon, s. m., 1177, marchand; maquignon.
Codidouet, 2201, = God it wot! (Dieu le sait!).
coillart, s. m., 1752, couillon.
conciëté, s. f., 1845, outrage; plaisanterie.
conrëer, 1606, traiter; soigner.
consievir, consivir, 160, 425, atteindre; poursuivre; rejoindre.
contre val, 1474, en bas.
corchier, corechier, 1313, 1610, 1622, 1773, courroucer; affliger.
coron, s. m., 1578, coin.
cotelete, s. f., 863, petite cotte.
cotiele, s. f., 434, petite cotte.
coupe, s. f., 2075, faute; culpabilité.
coveter, 2171, parer; s'attifer.

cras, 959, gras.
cravanter, craventer, 205, 2280, abattre.
croistre, 1213, grincer; craquer.
crupe, s. f., 1098, croupe.
cuider, 209, penser; imaginer.
cuignie, s. f., 1556, cognée; erminette; doloire.
culeter, 1205, 1207, 1225, 1258, foutre; jouer du cul.
cunchier, 286, 690, arranger; decevoir; tromper; railler.

D

daerrain, 929, dernier.
dalés, 451, 453, 575, à côté de; près de.
dame, s. m., 144, 268, Seigneur; monsieur.
dans, s. m., 1105, monsieur.
dé, s. m., 846 (*por le dé* = le dé en est jeté; les jeux sont faits).
decacher, 581, poursuivre; chasser.
decha, 2234, de ce côté de.
se deduire, 1667, agir; se conduire.
defors, 401, dehors.
dehait (mal), 245, malheur à; maudit soit.
dehiekié, 1426 (part. passé de *dehachier*?), déchiré.
demainner, 1732, faire.
denier, s. m., 169, pièce de monnaie.
dervés, 898, fou.
desevrer, 148, séparer.
despaster, 1858, 1866, retirer les dents d'une tarte.
desraissier, 2104, retirer d'une fondrière.
destordre, 1541, débarrasser; soulager.
destourser, 945, débarrasser; détourner.
durement, 1124, vite; rapidement.
dusce, dusche, dusque, 79, 2006, 2044, jusque; jusqu'à ce que.
dyodake, s. m., 28, le zodiaque.

E

eage, s. m., 338, âge.
el, 1360, 1706, autre chose; autrement.
embler, 289, 292, 293, voler; dérober.
enbussier, 1002, s'embusquer.
encamuder, 25, enchanter (?); loucher (< anchais) (?).
encarbonner, 1013, barbouiller de poussier.
encarchier, 1659, charger.
enchareter, 1730, mettre dans un char.
encliner, 443, saluer par une inclinaison.
encombrier, s. m., 180, encombrement; embarras; dommage.
encroer, 1107, 1543, pendre.
encuser, 1290, accuser; dénoncer.
enditer, 348, 856, enseigner; indiquer; dire.
eneslepas, 785, sur-le-champ; tout de suite.
enfanche, s. f., exploit d'un jeune homme.
enfanmenter, 65, ensorceler.

enfantosner, 26, ensorceler.
enganer, 1591, tromper; decevoir.
enghien, s. m., 15, tromperie; ruse.
engignier, 2097, ruser; tromper.
engrans, 1224, désireux.
enmuseler, 1193, voiler; couvrir d'une voile.
enne, 705, ne... pas; n'est-ce pas.
enpaster, 1855, 1863, 1872, mordre une tarte à grandes bouchées; plonger les dents dans une pâte.
enqui, 1206, ici; maintenant.
enraskier, 2005, 2018, s'embourber.
ensoigne, s. m., 2062, difficulté; besoin; excuse.
entascer, 2041, s'entasser.
enter, 701, mettre.
erramment, errant, esrant, 68, 192, 938, 1077, 1848, précipitamment; aussitôt.
errer, esrer, 234, 748, 774, 1790, se comporter bien; voyager.
esbanoier, 2210, divertir; distraire.
escache, s. f., 1425, 1463, 1474, jambe de bois; béquille.
escachier, s. m., 1423, 1476, 1481, un boiteux.
escalongne, s. f., 1019, échalote.
escars, 791, 2088, outrageux; railleur.
escaufer, 1065, échauffer.
escervelé, esciervelé, s. m., 811, 1143, écervelé.
esclairier, 410, éclairer.
escil, s. m., 911, exil; tourment.
esclavine, s. f., 778, 823, vêtement de bure porté par les pèlerins.
s'escondire, 2262, se justifier.
escorchier, 176, 190, écorcher.
escoufle, s. m., 1142, écoufle; milan.
escouter, 1769, secouer; se payer son écot; fouiller.
***esfordrir,** 667, élever.
esfrois, s. m., 112, vacarme; tumulte.
eskiver, eskiu (part. passé), 609, 1561, écarter; esquiver.
eslais, s. m., 1821, élan; galop.
eslaissier, 92, s'élancer; se mettre en route.
esmaris, 1233, troublé; affligé; agité.
esmeullier, s. m., 1819, remouleur; repasseur de couteaux; marchand de crêpes (?).
esneque, s. f., 2275, esquif; bateau de course; vaisseau léger.
espauler, 1943, briser l'épaule; écrabouiller l'épaule.
espere, s. f., 29, sphère.
espieter, 741, 757, trancher les pieds.
espirement, s. m., 18, sortilège; expérience magique.
(a) esploit, 2057, 2139, rapidement.
esprendre, 917, embraser; enflammer.
esquarteler, 1942, écarteler; partager en quatre.
esraelie, 266 (part. passé fém. *esraelir* ou *esraelier*), hideuse; à faire rouler les yeux.
esrant, 1848, précipitamment; aussitôt.
esrer, 748, 1790, errer; voyager.

GLOSSAIRE 135

essiller, 1951, piller; dévaster.
essogne, essoigne, s. m., 418, 984, difficulté; besoin; excuse.
estaï, 206, dépouillé; têtu; rétif; paresseux.
estaler, 1370, se reposer; faire ses besoins.
ester, 1963, se tenir debout.
estoire, s. f., 1919, flotte.
estrain, s. m., 867, 868, paille.
estrelin, s. m., 2186, pièce de monnaie (< sterling).
estriver, 249, disputer.
estrumiaus, s. m., 2180, 2202, timonier; pilote.
estuet (ind. prés. 3, *estovoir*), 185, il faut; il convient.
es vous, 1617, voici; voilà.
ex, s. m. pl., 510, yeux.

F

faidiu, s. m. pl., 1560, hommes jurés; ennemis jurés d'un hors-la-loi?
fais, s. m., 867, faix; fardeau.
fangier, faugier, s. m., 1252, 1256, 2022, 2044, 2046, 2058, bourbier; marais; marécage.
faukier, 1997, 2076, faucher.
faukieres (c. s.), 1999, **faukeor** (c. r.), 1996, s. m., faucheur.
faviele, s. f., 2168, 2187, conte; mensonge.
fevre, s. m., 1506, 1524, 1540, 1544, forgeron.
fier, s. m., 1508, fer.
fier armé, fer armé, 494, 1498, armé de pied en cap.
fiert (parf. 3, ferir = battre), 173, il activa.
flanel, s. m., 1401, cliquette.
flannier, s. m., 1818, pâtissier; marchand de petits pâtés.
flue, s. m., 1954, 2112, flux; marée de flot.
forré (part. passé de *forer*), 1988, garni de fourrure.
fouc, s. m., 590, troupeau.
fouler, 2284, fouler aux pieds.
fouloler, 2173, garnir de feuilles.
fourmier, 2068, fourmiller.
foursener, 208, devenir fou; se mettre en rage.
fout-en-cul, s. m., 1271, péderaste.
frapier, s. m., 1137, course; poursuite.
fremer, 2221, fermer,
froissure, s. f., 566, 2010, fressure.
fu, s. m., 1033, 1824, feu.
fuerre, s. m., 870, paille; foin; fourrage.
fuison, s. m., 22, foison.

G

gaber, 239, jouer des farces; duper; railler.
galie, s. f., 1912, 1914, 1957, galère.
ganne, gansne, 537, 541, jaune.
garçonchiel, s. m., 1501, garçon; goujat.
gargate, s. f., 1634, gorge; gosier.

garnir, 1334, 1734, prémunir; avertir.
garnir, 1735, préparer; apprêter.
gas, 2198, facétie; tromperie; blague.
gile, s. f., 63, 122, 289, etc., artifice; ruse; astuce.
glouton, s. m., 1571, brigand; insolent.
goudale, s. f., 2194, bière d'Angleterre.
goune, s. f., 435, robe; froc; cotte.
graindre, 110, plus grand.
(en) grans, 1224, désireux.
gris, s. m., 815, petit-gris.

H

haire, s. f., 778, chemise de crin.
haitié, 189, joyeux; reconforté; en bonne santé.
haper, 1339, happer.
hardel, hardiel, s. m., 699, 726, corde.
hardillon, s. m., 702, petite corde mince.
hareu! 560, cri d'appel au secours.
hari! 202, 206, hue!; huhau!
harnas, s. m., 641, équipement; bagage; harnais.
hart, s. f., 691, 700, corde d'osier.
hateriel, s. m., 137, nuque.
hatipliel, s. m., 138, soufflet; coup.
hennepier, s. m., 503, casque.
herite, s. m., 1270, hérétique.
hore, 245, maintenant; alors.
hurter, 1091, heurter.
huve, s. f. 1346, bonnet.

I

iaue, s. f., 252, eau.
iex, s. m. pl., 737, yeux.
ingremanche, s. f., 288, nécromancie.
irer, 1995, s'irriter.
isniel, 559, vite; rapidement.
ivier, s. m., 12, hiver.

J

jehir, 557, avouer; annoncer.
juï, 882, ce jour-même; aujourd'hui.
juper, 1099, crier.
justichier, 1715, échapper à la justice; s'évader.

K

kemugne, s. f., 123, alarme; alerte; les communes.
kenoulle, s. f. 1194, quenouille.
keüs (part. passé, *keïr* (?) = choir), 709, 2017, chu; tombé.
kievre, s. f., 1241, chèvre.

L

laidengier, 1047, 2073, maltraiter.
laiens, 85, là-dedans.
*****lanbeue,** s. f., 88, astuce (?).
larrechin, s. m., 24, larcin.
larris, s. m., 591, lande; tertre.
lee, 109, large.
liëment, 783, gaiement; joyeusement.
linge, 588, de lin.
loer, 797, 1666, conseiller.
loier, s. m. 212, récompense; salaire.
loier, 538, 1096, 1714, lier.
loussignos, loussignol, s. m., 1144, 1167, 1168, 1170, rossignol.
lues, 1181, sur-le champ; en un instant.

M

machue, s. f., 589, massue.
maille, s. f., 966, 974, 995, petite monnaie de cuivre.
maisnie, s. f., 561, compagnie; suite.
maissiele, s. f., 543, joue.
makeriaus, s. m., 1781, 1805, 1808, maquereau.
mal dehait, 245, malheur à; maudit soit.
malfé, s. m., 14, 269, diable.
manage, s. m., 445, demeure.
manechier, 201, 248, 2098, menacer.
mannier, s. m., 404, meunier.
manois, 1196, aussitôt.
marchais, s. m., 1140, marais.
marier, 468, travailler; affliger; torturer.
marine, s. f., 2174, plage; côte; littoral.
martyriier, 1679, martyriser.
masure, s. f., 2141, demeure.
maunier, s. m., 414, meunier.
mendis, 791, pauvre; mendiant.
merde, 2088, avare.
mesballir, 2301, maltraiter.
mesconter, 59, mal compter; duper; rouler; carotter.
meseriele, s. f., 546, miserere.
mesiaus, mesiel, s. m., 1400, 1412, 1419, lépreux.
meslier, s. m., 439, bois; chêne.
mestier, s. m., 243, 1082, 1115, 1462, 1833, besoin; métier; engin.
millour, 1219, meilleur.
mirer, 255, miroiter.
molu, 2292, aiguisé; tranchant; émoulu.
mon, 536, certes (*c'est mon* = bien entendu).
mordrir, 324, tuer.
mostier, s. m., 1429, 1468, 1479, 1549, 1551, 1572, 1588, moutier; église.
moust, s. m., 50, moût.
moustison, s. f., 47, vendange.

muchier, 1366, cacher; se cacher.
muelekin, s. m., 1192, robe de lin.
musage, s. m., 1592, perte de temps; querre musage = avoir beau chercher.
musart, s. m., 1571, sot; trompeur; débauché; lâche.

N

nace, nache, s. f., 1424, 1436, 1943, fesse.
nagier, 1960, naviguer; ramer.
naïs, c. s., 452, naïf.
nan, 542, non.
navie, s. f., 2255, 2267, flotte.
naviron, s. m., 2281, aviron; barre du gouvernail; godille.
noif, s. f., 1505, 1612, neige.
nomini Dame, 267, nom de Dieu!
none, s. f., 186, neuvième heure du jour; midi (?).

O

ochoisonner, 2260, accuser; blâmer.
oïe, s. f., 2069, oreille.
oisde, 532, oui-dà; ouïche.
orains, 1128, tout à l'heure.
ordiere, s. f., 1513, ornière; piste.
orine, s. f., 822, origine.
ortel, s. m., 639, jardin.
ospitelier, s. m., 1884, 1890, chevalier hospitalier.
ost, s. f., 869, armée; camp.

P

pais, s. f., 1470, paix (*prendre pais* = entendre (recevoir) la bénédiction).
parage, s. m. 339, rang; extraction; lignage.
paresis, s. m., 58, sou frappé à Paris.
(a la) parsomme, s. f., 863, en somme.
pautonnier, s. m., 1105, gueux; poltron.
peés (ind. prés. 5, peïr), 1210.
peïr, 32, 1210, péter.
(mal) pelain, s. m., 2026, situation embarrassante ou périlleuse.
peneant, s. m., 907, pénitant.
pescier, 2105, lancer.
peüs, 1606, bien norri.
piex, s. m., 1345, pal; pieu.
pignier, 1095, frapper à coups de poing.
pisson, s. m., 1080, poisson.
pissonnier, s. m., 1080, pêcheur.
plais, s. m., 309, droit; procès; loi.
planchon, s. m., 696, branche (d'osier?); baliveau; liane.
plançonchiel, s. m., 698, branche (d'osier?); baliveau; liane.
plege, s. m., 338, 1545, garant; garantie.
pochon, s. m., 1079, pot.

poi, s. f., 1829, poix.
poigneïs, s. m., 1934, lutte; combat; bataille.
poigner, 93, s'éloigner en coup de vent; éperonner.
poindre, 1359, éperonner.
poist (subj. prés. 3, *peser*), 1212.
porpens, s. m., 2178, réflexion; méditation.
potente, s. f., 1401, béquille.
pourriere, s. f., 2294, poussière; poudre.
puin, s. m., 466, poing.
pute, 822, infect; mauvais; méprisable.

Q

quens, s. m., 322s, comte.
querre, 496, chercher; quêter; demander.

R

raplegier, 1682, garantir; engager la foi.
raske, s. f., 2003, 2004, 2017, 2030, bourbier; étang; marais; fondrière.
refraindre, 1681, 1687, contenir; modérer.
se rendre, 3, se faire moine.
rendu, s. m., 620, 817, 1174, moine.
renoié, s. m., 2019, renégat; hérétique.
rescorre, 1737, délivrer, sauver.
reskignier, 262, rechigner.
ronchi, s. m., 1030, cheval de charge; cheval de trait.
rouegnier, 502, tonsurer; trancher la tête.
rouveus, 543, rougeâtre.
ruër, 2291, lancer violemment.
ruisteler, 177, avancer avec force cahots; cahoter.

S

sacher, 141, tirer; arracher.
sacher, 585, chasser; poursuivre.
saie, s. f., 809, étoffe grossière de teinte sombre.
sainié, 233, en bon point.
sains, 1010, sans.
sains, s. m., 2245, saindoux; graisse.
saint, s. m., 275, cloche.
***samelle,** s. f., 1827, crêpe (?).
sarpe, s. f., 1344, serpe.
saurrés, 97 (fut. 5, soldre = payer).
sautieler, 547, sauter; sursauter; tressaillir.
sautier, s. m., 20, psautier.
senés, 1110, sensé; sage; prudent.
sés, s. m., 707, satisfaction; plaisir.
sigler, 2129, faire voile; faire route; naviguer.
soif, s. f., 1335, 1336, 1342, 1349, 1392, haie; palissade; clôture.
soloier, 1113 (*tu soloies estre* = tu étais autrefois).

somme, s. f., 2206, histoire; résumé; recueil.
sommier, s. m., 641, cheval de somme.
souef, 2129, doucement.
suel, s. m., 66, 76, seuil.

T

taster, 1859, goûter.
tenser, 2112, protéger (*Si fist a lui tenser .I. flue* = Il se mit sous la protection de la marée).
tenserie, s. f., 2114, chantage; menace; piraterie.
teus, 2132, 2133, tellement.
tine, s. f., 251, tonneau; cuve.
tolu (part. passé, toldre), 790, enlevé.
touniaus, touniel, s. m., 51, 70, tonneau.
tournois, s. m., 58, sou frappé à Tours.
trache, s. f., 1504, 1505, 1511, 1571, 1527, trace.
traïr, 2261, trahir.
traire, 403, se retirer; s'éloigner.
trebuchier, 643, trebucher; abbattre.
tremerel, s. m., 274, jeu de hasard qui se jouait aux trois dés et paraît être une variante du trictrac.
trepiel, s. m. 1614, agitation; émoi; tourment.
tres, s. m., 1930, mât; vergue d'un navire.
tribouler, 1521, tourmenter.
trotier, s. m., 763, pied.
truant, s. m. 770, 923, gueux; mendiant; fripon.
trumaus, trumials, trumiaus, s. m., 606, 629, 768, 1632, 1636, 2052, jambe.

U

unbril, s. m., 79, nombril.

V

vair, s. m., 815, petit-gris.
vaque, s. f., 1426, vache.
vastelier, s. m., 1819, marchand de gâteaux.
viel, 80, vil; affreux.
viel, vil, 129, 206, vieux.
voir, 571, vrai.
voire, 1809, 2183, vraiment; peut-être.
vois, 565, 768, 1130, 1414, 1484, 1632, 2052, vraiment; ma foi!

W

waufre, s. m., 1826, gaufre.

Y

ÿa, 2201 (= l'anglais: yea), oui.

BIBLIOGRAPHIE

Ahier, P., *Stories of Jersey Seas, of Jersey Coast and of Jersey Seamen, Part III*, Jersey, s. d., pp. 264-267.
Audouin, E., *L'Armée Royale au temps de Philippe-Auguste*, Paris, 1913.
Barrois, J., *Bibliothèque protypographique ou Librairies des fils du Roi Jean*, Paris, 1830, nos. 71 et 81.
Bossuat, R., *Manuel bibliographique de la littérature française du Moyen Age*, Melun, 1951, nos. 1419-1421.
Delisle, L., *Recherches sur les Comtes de Dammartin au XIIIe. Siècle*, Paris (Mémoires de la Société Impériale des Antiquaires de France), 4e. série, t. I, 1869.
———, *Recherches sur la librairie de Charles V*, Paris, 1907.
Dinaux, A., *Trouvères, jongleurs et ménéstrels du Nord de la France et du Midi de la Belgique*, 3 vol., Valenciennes, 1834-42.
Dupont, G., *Histoire du Contentin et de ses Iles*, 4 vol., Caen, 1870-85.
Foerster, W. et Trost, J., *Wistasse Le Moine, Altfranzösischer Abenteuerroman des XIII. Jahrhunderts*, Halle (Romanische Bibliothek), 1891.
Gossens, C. T., *Grammaire de l'Ancien Picard*, Paris, 1970.
Haigneré, D., *Dictionnaire archéologique des communes du Pas-de-Calais*, t. II, Boulogne-sur-Mer, 1882.
Heliot, P., *Histoire de Boulogne et du Boulonnais*, Lille, 1937.
Historiens des Gaules et de la France, t. XVII et t. XVIII, Paris, 1738-1904.
Jordan, L., *Quellen und Komposition von Eustasche le Moine* (Archiv. fur das Studium der nueren Sprachen und Literaturen, t. CXIII, 1903, pp. 66-100; t. CXIV, 1906, pp. 375-381).
Lefebvre, F., *Histoire générale et particulière de Calais et du Calaisis*, t. I, p. 633, note (a), Boulogne-sur-Mer, s. d.
Lennel, F., *Histoire de Calais*, t. I, Calais, 1908.
Le Patourel, J. H., *The Medieval Administration of the Channel Islands 1199-1399*, Londres, 1937.
Malo, H., *Eustache Le Moine, un pirate boulonnais au XIIIe. Siècle*, Paris (Bibliothèque de la Revue du Nord), 1893.
———, *Un grand feudataire, Renaud de Dammartin et la coalition de Bouvines*, Paris, 1898.
Meyer, P., *Romania*, XXXIV, 1905, p. 90. Citation du ms. B. N., 1553.
Michel, Fr., *Le Roman d'Eustache Le Moine*, Paris et Londres, 1834.

Michel, Fr., *Rapports au Ministre de l'Instruction Publique (Documents inédits sur l'histoire de France)*, Paris, 1838, pp. 44, 102.

Paris, G., *Romania*, XXI, 1892, pp. 279-280. Compte-rendu de l'édition Foerster-Trost.

Raynouard, F., *Journal des Savants*, Paris, 1835. Compte-rendu de l'édition Michel.

Taschereau, J., *Catalogue des manuscrits français de la Bibliothèque Impériale, Département des manuscrits*, t. I, Paris, 1868, pp. 248-252.

www.ingramcontent.com/pod-product-compliance
Lightning Source LLC
Chambersburg PA
CBHW020419230426
43663CB00007BA/1230